BIBLIOTHEK DER PHILOSOPHIE

PHAIDON

BIBLIOTHEK DER PHILOSOPHIE

Herausgegeben von
Alexander Heine

Band 2

Marc Aurel
Selbstbetrachtungen

PHAIDON

MARC AUREL

Selbstbetrachtungen

PHAIDON

Nach der Übersetzung aus dem Griechischen von C. F. Schneider

Originaltitel: εἰς ἑαυτὸν

Gesamtherstellung: Millium Media Management
Printed in Germany

ISBN 3-88851-105-4

INHALTSVERZEICHNIS

[Da in der maßgeblichen handschriftlichen Überlieferung (Codex Vaticanus 1950, fol. 341–392^{v}) der Übergang vom ersten zum zweiten Buch nicht eindeutig markiert ist, gibt es an dieser Stelle in den verschiedenen Ausgaben abweichende Zählungen. Die alternative Zählung ist bei den Kapitelüberschriften jeweils in Klammern vermerkt.]

EINLEITUNG

Der Philosoph auf dem Kaiserthron gehört zu den bedeutendsten Männern des ausklingenden Altertums. Marcus Annius Verus wurde den 25. April des Jahres 121 n. Chr. Geb. zu Rom geboren, wo seine Familie, seit der Urgroßvater aus Spanien eingewandert war, sich zu hohem Rang emporgearbeitet hatte. Sorgfältige Erziehung, gepaart mit großer Lernbegierde, erschlossen ihm die Wissenschaft seines Jahrhunderts, die in der Philosophie den höchsten, in unserem Sinn sogar den einzigen Ausdruck fand. Schon im zwölften Jahr nahm der kräftig aufblühende Jüngling den weißen Mantel und bekundete dadurch, daß er auch äußerlich zur Kaste der Philosophen gehören wolle.

Streng und ernst gab sich die Weltweisheit des zweiten Jahrhunderts. Entbehrungen, oft bis zum Übermaß gesteigert, wie sie später zur typischen Eigenschaft christlicher Asketen wurden, verlangten die Anhänger der Stoa und sahen in der Abkehr von allen Interessen, Zerstreuungen wie Freuden der Welt die einzig richtige Stellungnahme eines Weisen den vergänglichen Dingen gegenüber.

Zurückgezogen von seinen Altersgenossen, vielleicht ein wenig ostentativ in den weißen Mantel gehüllt, mit den Stoikern Rusticus, Apollonius, Claudius Maximus in anregend erzieherischem Gespräch, wandelte der Jüngling durch die stillen

abgelegenen Gärten einer Villa, bis zu deren Mauern der Lärm der römischen Weltstadt brandete. Auf Bitten seiner Mutter, die mit Bangen bemerkte, daß ihr Sohn unter der Last selbstauferlegter Entbehrungen blasser und schmächtiger wurde, stellte er seinen Lebenswandel auf gesündere Basis und gesellte den geistigen Exerzitien nützliche, körperliche Übungen. Die Herrschaft des gesunden Menschenverstandes, die in den Taten und Schriften des späteren Kaisers so glücklich zum Ausdruck kommt, beginnt schon in den Jünglingsjahren, sobald der einseitige Einfluß allzu strenger stoischer Lebensanschauung gemäßigt erscheint. Den Anhängern der Stoa treten als Lehrer zur Seite Claudius Severus, der Peripatetiker und der Platoniker Sextus aus Chaeronea, ein Enkel Plutarchs. Epiktets nachgelassene, von Arrhianos gesammelte Schriften prägen sich der eindrucksfähigen jungen Seele ein und wirken bestimmend auf die ethische Entwicklung des still für sich Heranwachsenden.
Kaiser Hadrian fand Gefallen an dem ernsten, außerordentlich wahrhaften Philosophenschüler und veranlaßte im Jahr 136 dessen Verlobung mit der Tochter seines Mitregenten Verus. Als Folge dieser Verlobung ist dann die Adoptierung seitens Antoninus (eines Sohnes des Verus) zu betrachten, der selbst von Hadrian an Kindes Statt angenommen und zum Thronfolger ernannt war. Unter dem Namen Marcus Aelius Aurelius Verus trat der junge Denker aus der Verborgenheit auf den Schauplatz der großen Welt.
Sein Biograph berichtet, daß er nur ungern sein

beschauliches Leben verlassen und einen Palast in der Stadt auf Hadrians Befehl bezogen habe. Doch im Treiben des Hofes, im bewegten politischen Frage- und Antwortspiel, auf dem Forum vor Gericht, bei den Mühen kriegerischer Unternehmungen wuchs und reifte erst die philosophische Saat des herben jugendlichen Frühlings zu reicher Ernte. Als Kaiser Hadrian am 10. Juli 138 zu Bajä starb, bestieg Antonin den Thron und berief sofort Mark Aurel an seine Seite, ihn in alle Geheimnisse der Regierungskunst einzuweihen. Die frühere Verlobung wurde aufgehoben und die Vermählung mit Faustina, der Kaisertochter, gefeiert. Nun war im römischen Reich jene Zeit angebrochen, die Platos Ideal vom Staate nach einer Richtung hin zu erfüllen schien. Zwei Philosophen herrschten gemeinsam, von edelster, einzig dastehender Freundschaft getragen, und förderten während dreiundzwanzig friedlicher Jahre Wohlstand und Kultur in bemerkenswerter Weise. Gut bedachte soziale Maßregeln glichen manche Härten aus, es wurde für vornehm gehalten, gebildet, ja gelehrt zu sein und edle Duldsamkeit herrschte in den Fragen des Glaubens, soweit sie nur den Glauben, nicht aber die politische Betätigung betrafen.
Der gekrönte Apostel der Menschenliebe – wie Stuart Mill den Kaiser Mark Aurel genannt hat – hoffte nach dem Tod Antonins (im März 161) die friedliche, sonnige Zeit der Philosophenherrschaft weiterzuführen und sein Ideal eines Herrschers in sozialer Fürsorge zu verwirklichen. Aber das Schicksal, das ihm einen herrlichen Lebenssom-

mer gewährt, gab ihm einen desto stürmischeren Herbst. Hungersnot und Pest suchten Rom und die römischen Provinzen heim, schwere Kriege mit den Parthern und Markomanen brachen aus, Aufstände wie derjenige in Ägypten vom Jahr 170 bildeten drohende Gefahren für das Reich. Dies alles lenkte von wohltätiger Friedensarbeit ab und zwang die Arbeit des Philosophenkaisers auf andere, ihm innerlich fremde Bahnen. Dazu kamen harte Mißstimmungen in der eigenen Familie. Faustinas üppiges, man sagt sogar ausschweifendes Leben stand in grellem Gegensatz zu Mark Aurels anspruchsloser Einfachheit, und die ungerechten, oft auf willkürlicher Anmaßung beruhenden Handlungen seines Sohnes Kommodus führten zu schlimmen Befürchtungen in bezug auf die Zukunft des Reiches.

Stunden der Sorge und der stillen Einkehr im Feldlager oder im kaiserlichen Palast waren es, in denen der alternde Herrscher seine Gedanken niederschrieb zum eigenen Trost. Milde Gesinnung, strenge Gewissenhaftigkeit und Pflichttreue sind das Zeichen seiner Sinnesweise und haben die »Selbstbetrachtungen« zu einem Denkmal edler Menschlichkeit gemacht, das nie veraltet, weil es ein Bekenntnis ohne Pose, ohne zeitlich beschränkten Zweck und ohne Darstellung vergänglicher äußerer Tatsachen ist.

Die Handschriften, der Mode entsprechend in griechischer Sprache abgefaßt, trugen den Titel »καϑ'ἑαυτον«, was später mit »Selbstbetrachtungen« wiedergegeben wurde. Nach hartem Tagewerk des Abends beim Schein der unruhig flakkernden Öllampen verfaßt, bald im Lager an der Donau bei Carnunt, bald nach lebhaften, ermüdenden Senatssitzungen in Rom, sind Mark Aurels Aphorismen aus der Quelle des wirklichen Lebens geflossen. Starke Taten des Geistes verkünden sie und sind Worte eines hohen Herzens.

Ihr Ursprung läßt sich nicht verkennen. Als Tagebuch einer gesunden Seele, die stark und fest die Krankheiten des Körpers und die Schläge des Schicksals von sich abweist, geben sie Kraft und Frieden. Kurz und scharf, klar gefaßt und manchmal aufleuchtend wie ein Edelstein zeigen sie Ruhe des Herzens und Begeisterungsfähigkeit, Vernunft und aufrichtige Liebe für alles Tüchtige. »Sie offenbaren« – wie Hippolyte Taine sich ausdrückt – »die Seele eines großen Dichters, der sich bezwingt, die Augen vom Herrlichen gebannt und im Flüsterton voll Bewunderung sich selber sagt: ›Mensch, als Bürger dieser großen Stadt hast du gelebt; fünf oder drei Jahre, was ficht's dich an!‹«

Die Auffassung des Kaisers über den Wert des Lebens steht der des freigelassenen Sklaven Epiktet sehr nahe. Beiden liegen am innigsten jene Lehren der Stoa am Herzen, die sich mit sittlichen und religiösen Fragen beschäftigen. Nicht darauf kommt es dem Kaiser an, daß man möglichst viel Wissen anhäufe, sondern daß man mit dem Gott in der eigenen Brust sich verständige und ihm in Lauterkeit diene. Die Philosophie soll in stetem Wechsel der Ereignisse, im Wandel von Glück und Unglück, vergänglichen Sorgen und vergänglichen

Freuden einen festen Halt bieten und ein Panzer sein gegen die Eitelkeiten der Welt. Ihre Aufgabe ist also die Bildung des Charakters und die Beruhigung des Gemüts. Sie erfüllt diese beiden Bedingungen, wenn ihre Anhänger die drei wichtigsten Punkte des stoischen Systems nie außer Augen lassen: die Lehre vom steten Wechsel, dem Dahinfließen aller Dinge, dann das Bewußtsein der Hinfälligkeit des Daseins und schließlich die Erkenntnis, daß Werden und Vergehen einen Kreislauf bilden, in dem ein Einzelnes nicht Bestand haben kann.

An solche Grundsätze knüpft Mark Aurel die Betrachtung, wie wenig eine Persönlichkeit, ganz einerlei ob sie bedeutend oder unbedeutend sei, im großen Strom des Daseins gelte. Deshalb ist es verkehrt, Vergängliches zu sehr zu lieben, sein Herz an Sterblichkeit zu hängen und Ruhm als heiliges Gut zu begehren.

Diesem Verneinen und Ablehnen steht als positiver Kern der Lehre die Pflichttreue gegenüber, trotz der Eitelkeit und Vergänglichkeit allen Strebens der Sterblichen. Seiner Lebensstellung und seinem kräftigeren Charakter entsprechend hält Mark Aurel nachdrücklicher an den Pflichten des einzelnen der menschlichen Gesellschaft gegenüber fest, als es die Stoiker im allgemeinen und der phrygische Sklave Epiktet im besonderen getan. Aus diesem Grund lehnte er das Christentum vollständig ab, wenn er auch wie die Christen Duldung und allgemeine Menschenliebe verlangte. Er spricht fast immer von Göttern, manchmal von »dem Gott« und selten von »Zeus«, der ihm als

Gesamtausdruck der Gottheit vorschwebt. Äußerlich hielt er streng an dem bestehenden öffentlichen Kultus fest, in dem er als Oberhaupt des römischen Staates eine politische Notwendigkeit sah, innerlich war er gottgläubig im Sinne der Philosophen, nahm »die Volksgötter« für Symbole und sagte sich, daß es nicht verlohne noch menschenwürdig sei, in einer Welt ohne Gottheit zu leben. Aus diesem seinem Glauben und aus einer festbegründeten politischen Überzeugung sah er im Gebaren der Christen Auflehnung gegen die Staatsgewalt, also eine Schädigung des Gemeinwohls, und ging mit heftigen Verfolgungen gegen die Aufwiegler vor. Grundlosen Trotz nannte der milde Kaiser das Benehmen der Märtyrer.

Im sittlichen Leben des Menschen ruht der Schwerpunkt seiner Weltanschauung. Ihm, dem vielbeschäftigten, vom Tage vollauf in Anspruch genommenen Herrscher, liegt es fern zu forschen, dialektisch zu arbeiten oder überhaupt ein System aufzustellen. Seine Weisheit ist Lebenskunst. Er baut sie auf dem Wissen und den Erkenntnissen seiner Zeit, wie ein Emerson, ein Lubbok, ein Maeterlink ihre Weltanschauung auf die Wissenschaft ihres Jahrhunderts stellten, ohne in der Theorie einen Fortschritt zu bedeuten. Vernünftige Arbeit ist ihm das Ziel, das ein vernunftbegabtes Wesen verfolgen muß und das allein Glück wie zeitliche Güter zu bieten vermag. Aber nur wer sich zu erheben vermag über jedes persönliche Interesse an Dingen und Menschen, wer mit jedem Wunsch und jeder Begierde fertig ist, mit der

Gegenwart zufrieden und mit dem Tode vertraut erscheint, zeigt sich mit der Natur im Einklang und erfüllt die stille Pflicht, sich und sein Leben als belanglosen Teil des Ganzen zu betrachten.

Was in den Selbstbetrachtungen mit feierlicher Größe niedergelegt war, hat lange unbeachtet und vergessen in stillen Büchersammlungen überwintert wie das Samenkorn im tiefgepflügten Feld. Unter den Wirren der Völkerwanderung und während der Jahrhunderte der Scholastik dachte niemand des Kaisers, der als Gefolgsmann der Stoa mit dieser Lehre christlicher Verachtung anheimgefallen war. Erst als die geistige Bewegung der Renaissance mit dem Humanismus einsetzte, begann außer Plato auch die Stoa beachtet zu werden, wenn sich auch die Wertschätzung zunächst auf Seneca beschränkte. Doch es war noch ein weiter Weg zurückzulegen, bis Spinoza in seinem Ideal des Weisen eine Gestalt schuf, die sich wohl mit Mark Aurel vergleichen läßt. In der Ethik sagt Spinoza: »Der Weise... wird in der Seele kaum beunruhigt, sondern seiner selbst, Gottes und der Außenwelt mit einer gewissen Notwendigkeit bewußt. Er hört niemals auf zu sein und ist immer in tiefster Seele wahrhaft befriedigt.« Auch Leibniz benutzte die Gedankenreihen der Stoiker in der Theodizee, deren Aussprüche manchmal stark an die Selbstbetrachtungen anklingen. Daß Kant und nach ihm Fichte den Pflichtgedanken ähnlich wie ihn der kaiserliche Philosoph gefühlt, zu synthetischer Entwicklung brachten, ist bekannt, Verwandtes klingt in Schleiermacher, in Schopenhauer und in den modernen Denkern an, die abseits von dem Wirken der Fachphilosophen sich bemühen, der Gegenwart eine praktische Ethik zu geben.

In deutscher Sprache ist Mark Aurels Büchlein öfters an die Öffentlichkeit gekommen. Die vorliegende Neuherausgabe schließt sich an Schneiders vielgerühmte Übersetzung, die zum erstenmal im Jahr 1864 erschien und mehrfach aufgelegt wurde, die fehlenden Stellen (über 100 Nummern hat Schneider ausgelassen) sind zum Teil nach der Ausgabe von Cleß (aus dem Jahr 1866) ergänzt, zum Teil nach dem griechischen Text unter Vergleichung der Cleßschen Übersetzung neu hergestellt.

Der Gegenwart bietet das schlichte Selbstbekenntnis eines großen Mannes aus dem Altertum viel ernste Anregung und stärkt den Wunsch, in wohlbegründeter Weltanschauung Halt und Richtung zu finden.

Alexander v. Gleichen-Rußwurm

ERSTES BUCH

1

Von meinem Großvater (Verus) weiß ich, was edle Sitten sind und was es heißt: frei sein von Zorn.

2

Der Ruf und das Andenken, in welchem mein Vater steht, predigen mir Bescheidenheit und männliches Wesen.

3

Der Mutter Werk ist es, wenn ich gottesfürchtig und mitteilsam bin; wenn ich nicht nur schlechte Taten, sondern auch schlechte Gedanken fliehe; auch daß ich einfach lebe und nicht prunke wie reiche Leute.

4

Mein Urgroßvater litt nicht, daß ich die öffentliche Schule besuchte, sorgte aber dafür, daß ich zu Hause von tüchtigen Lehrern unterrichtet wurde, und überzeugte mich, daß man zu solchem Zweck nicht sparen dürfe.

5

Mein Erzieher gab nicht zu, daß ich mich an den Wettfahrten beteiligte, weder in Grün noch in Blau, auch nicht, daß ich Ring- und Fechterkünste trieb. Er lehrte mich Mühen ertragen, wenig bedürfen, selbst Hand anlegen, mich wenig kümmern um anderer Leute Angelegenheiten und einen Widerwillen haben gegen jede Ohrenbläserei.

6

Diognet bewahrte mich vor allen unnützen Beschäftigungen; vor dem Glauben an das, was Wundertäter und Gaukler von Zauberformeln, vom Geisterbannen usw. lehrten; davor, daß ich Wachteln hielt, und vor andern solchen Liebhabereien. Er lehrte mich ein freies Wort vertragen; gewöhnte mich an philosophische Studien, schickte mich zuerst zu Bacchius, dann zu Tandasis und Marcian, ließ mich schon als Knabe Dialoge verfassen und gab mir Geschmack an dem einfachen, mit einem Fell bedeckten Feldbett, wie es bei den Lehrern der griechischen Schule im Gebrauch ist.

7

Dem Rusticus verdanke ich, daß es mir einfiel, in sittlicher Hinsicht für mich zu sorgen und an meiner Veredlung zu arbeiten; daß ich frei blieb von dem Ehrgeiz der Sophisten; daß ich nicht Abhandlungen schrieb über abstrakte Dinge, noch

Reden hielt zum Zweck der Erbauung, noch prunkend mich als einen streng und wohlgesinnten jungen Mann darstellte und daß ich von rhetorischen, poetischen und stilistischen Studien abstand; daß ich zu Hause nicht im Staatskleid einherging oder sonst etwas Derartiges tat und daß die Briefe, die ich schrieb, einfach waren, so einfach und schmucklos, wie er selbst einen an meine Mutter von Sinuessa aus schrieb. Ihm habe ich's auch zu danken, wenn ich mit denen, die mich gekränkt oder sonst sich gegen mich vergangen haben, leicht zu versöhnen bin, sobald sie nur selbst schnell bereit sind, entgegenzukommen. Auch lehrte er mich, was ich las, genau zu lesen und mich nicht mit einer oberflächlichen Kenntnis zu begnügen, auch nicht gleich beizustimmen dem, was oberflächliche Beurteiler sagen. Endlich war er's auch, der mich mit den Schriften Epiktets bekannt machte, die er mir aus freien Stücken mitteilte.

8

Apollonius zeigte mir, daß Geistesfreiheit eine Festigkeit sei, die dem Spiel des Zufalls nichts einräumt; daß man auf nichts ohne Ausnahme so achten müsse wie auf die Gebote der Vernunft. Auch was Gleichmut sei bei heftigen Schmerzen, bei Verlust eines Kindes, in langen Krankheiten, habe ich von ihm lernen können. – Er zeigte mir handgreiflich an einem lebendigen Beispiel, daß man der ungestümste und gelassenste Mensch zugleich sein kann und daß man beim Studium philosophischer Werke die gute Laune nicht zu verlieren brauche. Er ließ mich einen Menschen sehen, der es offenbar für die geringste seiner guten Eigenschaften hielt, daß er Übung und Gewandtheit besaß, die Grundgesetze der Wissenschaft zu lehren; und bewies mir, wie man von Freunden sogenannte Gunstbezeugungen aufnehmen müsse, ohne dadurch in Abhängigkeit von ihnen zu geraten, aber auch ohne gefühllos darüber hinzugehen.

9

An Sextus konnt' ich lernen, was Herzensgüte sei. Sein Haus bot das Muster eines väterlichen Regimentes, und er gab mir den Begriff eines Lebens, das der Natur entspricht. Er besaß eine ungekünstelte Würde und war stets bemüht, die Wünsche seiner Freunde zu erraten. Duldsam gegen Unwissende, hatte er doch keinen Blick für die, die an bloßen Vorurteilen kleben. Sonst wußte er sich mit allen gut zu stellen, so daß er denselben Menschen, die ihm wegen seines gütigen und milden Wesens nicht schmeicheln konnten, zu gleicher Zeit die größte Ehrfurcht einflößte. Seine Anleitung, die zum Leben notwendigen Grundsätze aufzufinden und näher zu gestalten, war eine durchaus verständliche. Niemals zeigte er eine Spur von Zorn oder einer andern Leidenschaft, sondern er war der leidenschaftsloseste und der hingebendste Mensch zugleich. Er suchte Lob, aber ein geräuschloses; er war hochgelehrt, aber ohne Prahlerei.

10

Von Alexander, dem Grammatiker, lernte ich, wie man sich jeglicher Scheltworte enthalten und es ohne Vorwurf hinnehmen kann, was einem auf fehlerhafte, rohe oder plumpe Art vorgebracht wird; ebenso aber auch, wie man sich geschickt nur über das, was zu sagen not tut, auszulassen habe, sei's in Form einer Antwort oder der Bestätigung oder der gemeinschaftlichen Überlegung über die Sache selbst, nicht über den Ausdruck, oder durch eine treffende anderweite Bemerkung.

11

Durch Phronto gewann ich die Überzeugung, daß der Despotismus Mißgunst, Unredlichkeit und Heuchelei in hohem Maße zu erzeugen pflege und daß der Edelgeborene im allgemeinen ziemlich unedel sei.

12

Alexander, der Platoniker, brachte mir bei, daß ich mich nur selten und nie ohne Not zu jemand mündlich oder schriftlich äußern dürfe: ich hätte keine Zeit; und daß ich nicht so, unter dem Vorwande dringender Geschäfte, mich beständig weigern solle, die Pflichten zu erfüllen, die uns die Beziehungen zu denen, mit denen wir leben, auferlegen.

13

Catulus riet mir, daß ich's nicht unberücksichtigt lassen sollte, wenn sich ein Freund bei mir über etwas beklage, selbst wenn er keinen Grund dazu hätte, sondern daß ich versuchen müsse, die Sache ins reine zu bringen. Wie man von seinen Lehrern stark eingenommen sein kann, sah ich an ihm; ebenso aber auch, wie lieb man seine Kinder haben müsse.

14

An meinem Bruder Severus hatte ich häuslichen Sinn, Wahrheits- und Gerechtigkeitsliebe zu bewundern. Er machte mich mit Thraseas, Helvidius, Cato, Dio und Brutus bekannt und führte mich zu dem Begriff eines Staates, in welchem alle Bürger gleich sind vor dem Gesetz, und einer Regierung, die nichts so hoch hält wie die bürgerliche Freiheit. Außerdem blieb er, um anderes zu übergehen, in der Achtung vor der Philosophie sich immer gleich; war wohltätig, ja in hohem Grade freigebig; hoffte immer das Beste und zweifelte nie an der Liebe seiner Freunde. Hatte er etwas gegen jemand, so hielt er damit nicht zurück, und seine Freunde hatten niemals nötig, ihn erst auszuforschen, was er wollte oder nicht wollte, weil es offen am Tage lag.

15

Von Maximus konnte ich lernen, mich selbst beherrschen, nicht hin- und herschwanken, guten

Mutes sein in mißlichen Verhältnissen oder in Krankheiten, auch wie man in seinem Benehmen Weisheit mit Würde verbinden muß, und an ein Werk, das rasch auszuführen ist, doch nicht unbesonnen gehen darf. Von ihm waren alle überzeugt, daß er gerade so dachte, wie er sprach, und was er tat, in guter Absicht tat. Etwas zu bewundern oder sich verblüffen zu lassen, zu eilen oder zu zögern, ratlos zu sein und niedergeschlagen oder ausgelassen in Freude oder Zorn oder argwöhnisch – das alles war seine Sache nicht. Aber wohltätig zu sein und versöhnlich, hielt er für seine Pflicht. Er haßte jede Unwahrheit und machte so mehr den Eindruck eines geraden als eines feinen Mannes. Niemals hat sich einer von ihm verachtet geglaubt; aber ebensowenig wagte es jemand, sich für besser zu halten, als er war. Auch wußte er auf anmutige Weise zu scherzen.

16

Mein Vater hatte in seinem Wesen etwas Sanftes, aber zugleich auch eine unerschütterliche Festigkeit in dem, was er gründlich erwogen hatte. Er war ohne Ehrgeiz hinsichtlich dessen, was man gewöhnlich Ehre nennt. Er arbeitete gern und unermüdlich. Wer mit Dingen kam, die das gemeine Wohl zu fördern versprachen, den hörte er an und versäumte es nie, einem jeden die Anerkennung zu zollen, die ihm gebührte. Wo vorwärts zu gehen und wo einzuhalten sei, wußte er. Er war herablassend gegen jedermann; erließ den Freunden die Pflicht, immer mit ihm zu speisen oder, wenn er reiste, mit ihm zu gehen; und stets blieb er sich gleich auch gegen die, die er notgedrungen zu Hause ließ. Seine Erörterungen in den Ratsversammlungen waren stets sehr genau, und er hielt aus und begnügte sich nicht mit Ideen, die auf der flachen Hand liegen, bloß um die Versammlung für geschlossen zu erklären. Er war sorgsam bemüht, sich seine Freunde zu erhalten, wurde ihrer niemals überdrüssig, verlangte aber auch nicht heftig nach ihnen. Er war sich selbst genug in allen Stücken und immer heiter. Er hatte einen scharfen Blick für das, was kommen würde, und traf für die kleinsten Dinge Vorbereitungen ohne Aufhebens zu machen, so wie er sich denn überhaupt jedes Beifallrufen und alle Schmeicheleien verbat. Was seiner Regierung notwendig war, überwachte er stets, ging mit den öffentlichen Geldern haushälterisch um und ließ es sich ruhig gefallen, wenn man ihm darüber Vorwürfe machte. – Den Göttern gegenüber war er frei von Aberglauben, und was sein Verhältnis zu den Menschen betrifft, so fiel es ihm nicht ein, um die Volksgunst zu buhlen, dem großen Haufen sich gefällig zu erzeigen und sich bei ihm einzuschmeicheln, sondern er war in allen Stücken nüchtern, besonnen, taktvoll und ohne Sucht nach Neuerungen. Von den Dingen, die zur Annehmlichkeit des Lebens beitragen – und deren bot ihm das Glück eine Menge dar – machte er ohne zu prunken, aber auch ohne sich zu entschuldigen Gebrauch, so daß er, was da war, einfach nahm, was nicht da war, auch nicht entbehrte. Niemand konnte sagen, daß er ein Krittler, oder daß er ein gewöhnlicher Mensch oder ein Pedant sei, sondern man mußte ihn einen reifen, vollendeten, über jede Schmeichelei erhabenen Mann nennen, der wohl imstande sei, eigenen und fremden Angelegenheiten vorzustehen. Außerdem: Die echten Philosophen schätzte er sehr, ließ aber auch die andern unangetastet, obschon er ihnen keinen Einfluß auf sich einräumte. In seinem Umgange war er ferner höchst liebenswürdig und witzig, ohne darin zu übertreiben. In der Sorge für seinen Leib wußte er das rechte Maß zu halten, nicht wie ein Lebenssüchtiger oder wie einer, der sich schniegelt oder sich vernachlässigt; sondern er brachte es durch die eigene Aufmerksamkeit nur dahin, daß er den Arzt fast gar nicht brauchte und weder innere noch äußere Mittel nötig hatte. – Vor allem aber war ihm eigen, denen, die wirklich etwas leisteten, sei's in der Beredsamkeit oder in der Gesetzeskunde oder in der Sittenlehre oder in irgendeinem anderen Fach, ohne Neid den Vorrang einzuräumen und sie wo er konnte zu unterstützen, damit ein jeder in seinem Fache auch die nötige Anerkennung fände. Wie seine Vorfahren geherrscht, so herrschte er auch, ohne jedoch die Meinung hervorrufen zu wollen, als wache er über dem Althergebrachten. Er war nicht leicht zu bewegen oder von etwas abzubringen, sondern pflegte auch gern zu bleiben, wo er gerade war und wobei. Nach den heftigsten Kopfschmerzen sah man ihn frisch und kräftig zu den gewohnten Geschäften eilen. Geheimnisse pflegte er nur äußerst wenige und nur in seltenen Fällen zu haben und nur um des allgemeinen Wohles willen. Verständig und mäßig im Anordnen von Schauspielen, von Bauten, von Spenden an das Volk u. dgl. mehr, zeigte er sich als ein Mann, der nur auf seine Pflicht sieht, sich aber um den Ruhm nicht kümmert, den seine Handlungen ihm verschaffen können. – Er badete nur zur gewöhnlichen Stunde, liebte das Bauen nicht, legte auf das Essen keinen Wert, auch nicht auf Kleider und deren Stoffe und Farben, noch auf schöne Sklaven. Seine Kleider ließ er sich meist aus Lorium, dem unteren Landgute, oder aus Lanubium kommen und bediente sich dazu des Generalpächters in Tusculum, der ihn um diesen Dienst gebeten hatte. – In seiner ganzen Art zu sein war nichts Unschickliches oder gar Ungeziemendes oder auch nur Ungestümes oder was man sagt: »bis zur Hitze«, sondern alles war bei ihm wohl überdacht, ruhig, gelassen, wohl geordnet, fest und mit sich selbst im Einklang. Man könnte auf ihn anwenden, was man vom Sokrates gesagt hat, daß er sowohl sich solcher Dinge zu enthalten imstande war, deren sich viele aus Schwachheit nicht enthalten können, als auch, daß er genießen durfte, was viele darum nicht dürfen, weil sie sich gehen lassen. Das eine gründlich vertragen und in dem andern nüchtern sein, das aber ist die Sache eines Mannes von starkem, unbesiegbarem Geiste, wie er ihn z. B. auch in der Krankheit des Maximus an den Tag gelegt hat. –

17

Den Göttern habe ich's zu danken, daß ich treffliche Vorfahren, treffliche Eltern, eine treffliche Schwester, treffliche Lehrer, treffliche Diener und fast lauter treffliche Verwandte und Freunde habe und daß ich gegen keinen von ihnen fehlte, obgleich ich bei meiner Natur leicht hätte dahin kommen können. Es ist eine Wohltat der Götter, daß die Umstände nicht so zusammentrafen, daß ich mir Schande auflud. Sie fügten es so, daß ich nicht länger von der Geliebten meines Großvaters erzogen wurde; daß ich meine Jugendfrische mir erhielt und daß ich meinem fürstlichen Vater untertan war, der mir allen Dünkel austreiben und mich überzeugen wollte, man könne bei Hof leben ohne Leibwache, ohne kostbare Kleider, ohne Fackeln, ohne gewisse Bildsäulen und ähnlichen Pomp, und daß es sehr wohl anging, sich so viel als möglich bürgerlich einzurichten, wenn man dabei nur nicht zu demütig und zu sorglos würde in Erfüllung der Pflichten, die der Regent gegen das Ganze hat. – Die Götter haben mir einen Bruder gegeben, dessen sittlicher Wandel mich antrieb, auf mich selber acht zu haben, und dessen Achtung und Liebe mich glücklich machten. – Sie haben mir Kinder gegeben, die nicht ohne geistige Anlagen sind und von gesundem Körper. – Den Göttern verdanke ich's, daß ich nicht weiter kam in der Redekunst und in der Dichtkunst und in den übrigen Studien, welche mich völlig in Beschlag genommen hätten, wären mir gute Fortschritte beschieden gewesen. Ebenso daß ich meine Erzieher frühzeitig schon so in Ehren hielt, wie sie's zu verlangen schienen, und ihnen nicht bloß Hoffnung machte, ich würde das später tun, indem sie zu der Zeit ja noch so jung seien. Ferner, daß ich Apollonius, Rusticus und Maximus kennenlernte; daß ich das Bild eines naturgemäßen Lebens so klar und so oft vor der Seele hatte, daß es nicht an den Göttern und an den Gaben, Hilfen und Winken, die ich von dorther empfing, liegen kann, wenn ich an einem solchen Leben gehindert worden bin; sondern wenn ich's bisher nicht geführt habe, muß es meine Schuld sein, indem ich die Erinnerungen der Götter, ich möchte sagen, ihre ausdrücklichen Belehrungen, nicht beherzigte. Den Göttern verdanke ich's, daß mein Körper ein solches Leben so lange ausgehalten hat; – daß ich weder die Benedicta noch den Theodot berührt habe und daß ich später überhaupt von dieser Leidenschaft genas; daß ich in meinem heftigen Unwillen, den ich so oft gegen Rusticus empfand, nichts weiter tat, was ich hätte bereuen müssen; und daß meine Mutter, der ein früher Tod beschieden war, doch noch ihre letzten Jahre bei mir leben konnte. Auch fügten sie's, daß ich, sooft ich einen Armen oder sonst Bedürftigen unterstützen wollte, nie hören durfte, es fehle mir an den hierzu erforderlichen Mitteln, und daß ich selbst nie in die Notwendigkeit versetzt wurde, bei einem andern zu borgen; und daß ich ein solches Weib besitze: so folgsam, zärtlich und in ihren Sitten so einfach, und daß ich meinen Kindern tüchtige Erzieher geben konnte. Die Götter gaben mir durch Träume Hilfsmittel an die Hand gegen

allerlei Krankheiten, so gegen Blutauswurf und Schwindel. Auch verhüteten sie, als ich das Studium der Philosophie anfing, daß ich einem Sophisten in die Hände fiel oder mit einem solchen Schriftsteller meine Zeit verdarb, oder mit der Lösung ihrer Trugschlüsse mich einließ, oder mit der Himmelskunde mich beschäftigte. Denn zu allen diesen Dingen bedarf es der helfenden Götter und des Glückes.
Geschrieben bei den Quaden am Granna.

18 (II,1)

Man muß sich beizeiten sagen: Ich werde einem vorwitzigen, einem undankbaren, einem schmähsüchtigen, einem verschlagenen oder neidischen oder unverträglichen Menschen begegnen. Denn solche Eigenschaften liegen jedem nahe, der die wahren Güter und die wahren Übel nicht kennt. Habe ich aber eingesehen, einmal, daß nur die Tugend ein Gut und nur das Laster ein Übel, und dann, daß der, der Böses tut, mir verwandt ist, nicht sowohl nach Blut und Abstammung, als in der Gesinnung und in dem, was der Mensch von den Göttern hat, so kann ich weder von jemand unter ihnen Schaden leiden – denn ich lasse mich nicht verführen – noch kann ich dem, der mir verwandt ist, zürnen oder mich feindlich von ihm abwenden, da wir ja dazu geboren sind, uns gegenseitig zu unterstützen, wie die Füße, die Hände, die Augenlider, die Reihen der oberen und unteren Zähne einander dienen. Also ist es gegen die Natur, einander feindlich zu leben. Und das tut doch, wer auf jemand zürnt oder ihm entgegenwirkt.

19 (II,2)

Was ich bin, ist ein Dreifaches: Körper und Seele und was das Ganze beherrscht. – Lege beiseite, was dich zerstreut, die Bücher und alles, was hier zu nichts führt; des Fleischlichen achte gering wie einer, der bald sterben muß! Es ist Blut und Knochen und ein Geflecht aus Nerven, Adern und Gefäßen gewebt. Dann betrachte deine Seele und was sie ist: ein Hauch; nicht immer dasselbe, sondern fortwährend ausgegeben und wieder eingesogen. Drittens also das, was die Herrschaft führt! Da sei doch kein Tor, du bist nicht mehr jung: so laß auch nicht länger geschehen, daß es diene; daß es hingenommen werde von einem Zuge, der dich dem Menschlichen entfremdet; daß es dem Verhängnis oder dem gegenwärtigen Augenblicke grolle oder ausweiche dem, was kommen soll!

20 (II,3)

Das Göttliche ist voll von Spuren der Vorsehung, das Zufällige nach Art, Zusammenhang und Verflechtung ist nicht zu trennen von dem durch die Vorsehung Geordneten. Alles fließt von hier aus. Daneben das Notwendige und was dem Weltall, dessen Teil du bist, zuträglich ist. Jedem Teil der Natur aber ist das gut, was seinen Halt an der Natur des Ganzen hat und wovon diese wiederum getragen wird. Die Welt aber wird getragen wie von den Verwandlungen der Grundstoffe so auch von denen der zusammengesetzten Dinge. – Das muß dir genügen und feststehen für immer. Nach der Weisheit, wie sie in Büchern zu finden ist, strebe nicht, sondern halte sie dir fern, damit du ohne Seufzer, mit wahrer Seelenruhe und den Göttern von Herzen dankbar sterben kannst.

ZWEITES BUCH

1 (4)

Erinnere dich, seit wann du diese Betrachtungen nun schon aufschiebst und wie oft dir die Götter Zeit und Stunde dazu gegeben haben, ohne daß du sie nutztest. Endlich solltest du doch einmal einsehen, was das für eine Welt ist, der du angehörst, und wie der die Welt regiert, dessen Ausfluß du bist; und daß dir die Zeit zugemessen ist, die, wenn du sie nicht brauchst dich abzuklären, vergehen wird, wie du selbst, und nicht wiederkommen.

2 (5)

Immer sei darauf bedacht, wie es einem Manne geziemt, bei allem, was es zu tun gibt, eine strenge und ungekünstelte Gewissenhaftigkeit, Liebe, Freimut und Gerechtigkeit zu üben und dir dabei alle Nebengedanken fernzuhalten. Und du wirst sie dir fernhalten, sobald du jede deiner Handlungen als die letzte im Leben ansiehst: fern von jeder Unbesonnenheit und der Erregtheit, die dich taub macht gegen die Stimme der richtenden Vernunft, frei von Verstellung, von Selbstliebe und von Unwillen über das, was das Schicksal dir beschieden hat. – Du siehst, wie wenig es ist, was man sich aneignen muß, um ein glückliches, ja göttliches Leben zu führen.

Denn auch die Götter verlangen nicht mehr von dem, der dies beobachtet.

3 (6)

Fahre nur immer fort, dir selbst zu schaden, liebe Seele! Dich zu fördern wirst du kaum noch Zeit haben. Denn das Leben flieht einen jeglichen. Für dich ist es aber schon so gut als zu Ende, der du ohne Selbstachtung dein Glück aus dir heraus verlegst in die Seelen anderer.

4 (7)

Trotz deines Bestrebens, an Erkenntnis zu wachsen und dein unstetes Wesen aufzugeben, zerstreuen dich die Außendinge noch immer? Mag sein, wenn du jenes Streben nur festhältst. Denn das bleibt die größte Torheit, sich müde zu arbeiten ohne ein Ziel, auf das man all sein Dichten und Trachten lenkt.

5 (8)

Wenn man nicht herausbringen kann, was in des andern Seele vorgeht, so ist das schwerlich ein Unglück; aber notwendigerweise unglücklich ist man, wenn man über die Regungen der eigenen Seele im unklaren ist.

6 (9)

Daran mußt du immer denken, was das Wesen der Welt und was das deinige ist und wie sich beides zueinander verhält, nämlich was für ein Teil des Ganzen du bist und zu welchem Ganzen du gehörst, und daß dich niemand hindern kann, stets nur das zu tun und zu reden, was dem Ganzen entspricht, dessen Teil zu bist.

7 (10)

Theophrast sagt in seiner Vergleichung der menschlichen Fehler – wie diese denn allenfalls verglichen werden können –: schwerer seien die, die aus Begierde, als die, welche aus Zorn begangen werden. Und wirklich erscheint der Zornige als ein Mensch, der nur mit einem gewissen Schmerz und mit innerem Widerstreben von der Vernunft abgekommen ist, während der aus Begierde Fehlende, weil ihn die Lust überwältigt, zügelloser erscheint und schwächer in seinen Fehlern. Wenn er nun also behauptet: es zeuge von größerer Schuld, einen Fehler zu begehen mit Freuden als mit Bedauern, so ist das gewiß richtig und der Philosophie nur angemessen. Man erklärt dann überhaupt den einen für einen Menschen, der gekränkt worden ist und zu seinem eigenen Leidwesen zum Zorn gezwungen wird, während man bei dem andern, der etwas aus Begierde tut, die Sache so ansieht, als begehe er das Unrecht aus heiler Haut.

8 (11)

Jegliches tun und bedenken wie einer, der im Begriff ist, das Leben zu verlassen, das ist das Richtige. Das Fortgehen von den Menschen aber, wenn es Götter gibt, ist kein Unglück. Denn das Übel hört dann wohl auf. Gibt es aber keine, oder kümmern sie sich nicht um die menschlichen Dinge, was soll mir das Leben in einer götterleeren Welt, in einer Welt ohne Vorsehung? Doch sie sind und sie kümmern sich um die menschlichen Dinge. Noch mehr. Sie haben es, was die Übel betrifft, und zwar die eigentlichen, ganz in des Menschen Hand gelegt, sich davor zu bewahren. Ja auch hinsichtlich der sonstigen Übel, kann man sagen, haben sie es so eingerichtet, daß es nur auf uns ankommt, ob sie uns widerfahren werden. Denn wie sollte etwas, wobei der Mensch nicht schlimmer wird, sein Leben verschlimmern? Selbst die bloße Natur – sei es, daß wir sie uns ohne Bewußtsein oder mit Bewußtsein begabt vorstellen; gewiß ist, daß sie nicht vermag, dem Übel vorzubeugen oder es wiedergutzumachen – hätte dergleichen nicht übersehen, hätte nicht in dem Grade gefehlt aus Ohnmacht oder aus Mangel an Anlage, daß sie Gutes und Böses in gleicher Weise guten und bösen Menschen unterschiedslos zuteil werden ließe. Tod aber und Leben, Ruhm und Ruhmlosigkeit, Leid und Freude, Reichtum und Armut und alles dieses wird den guten wie den bösen Menschen ohne Unterschied zuteil, als Dinge, die weder sittliche Vorzüge noch sittliche Mängel begründen: also sind sie auch weder gut noch böse (weder ein Glück noch ein Unglück).

9 (12)

Wie doch alles so schnell verbleicht! in der sichtbaren Welt die Leiber, in der Geisteswelt deren

Gedächtnis! Was ist doch alles Sinnliche, zumal was durch Vergnügen anlockt oder durch Schmerz abschreckt oder in Stolz und Hochmut sich breit macht! wie nichtig und verächtlich, wie schmutzig, hinfällig, tot! – Man folge dem Zug des Geistes; man frage nach denen, die sich durch Werke des Geistes berühmt gemacht haben; man untersuche, was eigentlich sterben heißt (und man wird, wenn man der Phantasie keinen Einfluß auf seine Gedanken verstattet, darin nichts anderes als ein Werk der Natur erkennen: kindisch aber wäre es doch, vor einem Werk der Natur, das derselben ohnehin auch noch zuträglich ist, sich zu fürchten); man mache sich klar, wie der Mensch Gott ergreift und mit welchem Teile seines Wesens, und wie es mit diesem Teile des Menschen bestellt ist, wenn er Gott ergriffen hat.

10 (13)

Nichts Elenderes als ein Mensch, der alles wie im Kreise durchläuft, die Tiefen der Erde ergründen will, wie Pindar sagt, der um alles und jedes sich kümmert, auch um das, woran sonst niemand denkt, der nicht aufhört über die Vorgänge in der Seele des Nächsten seine Gedanken zu machen und nicht begreifen mag, daß es genug ist, für den Gott in der eignen Brust zu leben und ihm zu dienen, wie sich's gebührt. Das aber ist sein Dienst: ihn rein zu erhalten von Leidenschaft, von Unbesonnenheit und von Unlust über das, was von Göttern und Menschen geschieht. Denn die Handlungen der Götter zu ehren, gebietet die Tugend, und mit denen der Menschen sich zu befreunden die Gleichheit der Abkunft, obwohl die letzteren allerdings auch zuweilen etwas Klägliches haben, weil soviele nicht wissen, was Güter und was Übel sind, – eine Blindheit, nicht geringer als die, wenn man Schwarz und Weiß nicht unterscheiden kann.

11 (14)

Und wenn du dreitausend Jahre leben solltest, ja noch zehnmal mehr, es hat ja doch niemand ein anderes Leben zu verlieren als eben das, was er lebt, so wie niemand ein anderes lebt, als was er einmal verlieren wird. Und so läuft das längste wie das kürzeste auf dasselbe hinaus. Denn das Jetzt ist das gleiche für alle, wenn auch das Vergangene nicht gleich ist, und der Verlust des Lebens erscheint doch so als ein Jetzt, in dem niemand verlieren kann weder was vergangen noch was zukünftig ist. Oder wie sollte man einem etwas abnehmen können, was er nicht besitzt? – An die beiden Dinge also müssen wir denken: einmal, daß alles seinem Wesen nach unter sich gleichartig ist und von gleichem Verlauf, und daß es keinen Unterschied macht, ob man hundert oder zweihundert Jahre lang oder ewig ein und dasselbe sieht. Und dann, daß auch der, der am längsten gelebt hat, doch nur dasselbe verliert, wie der, der sehr jung stirbt. Denn nur das Jetzt ist es, dessen man beraubt werden kann, weil man nur dieses besitzt, und niemand kann verlieren, was er nicht hat.

12 (15)

Alles beruht auf der Ansicht! Dafür zeugen die Aussprüche des Kynikers Menimus und für diesen zeugt wieder die Brauchbarkeit des Gesagten, wenn man es auf das Wahre darin einschränkt.

13 (16)

Die Seele des Menschen tut sich selbst den größten Schaden, wenn sie sich von der Natur abzusondern, gleichsam aus ihr herauszuwachsen strebt. So, wenn sie unzufrieden ist über irgend etwas, das sich ereignet. Es ist dies ein entschiedener Abfall von der Natur, in der ja diese eigentümliche Verkettung der Umstände begründet ist. Ebenso, wenn sie jemand verabscheut oder anfeindet oder im Begriff ist, jemand weh zu tun, wie allemal im Zorn. Ebenso, wenn sie von Lust oder von Schmerz sich hinnehmen läßt; oder wenn sie heuchelt, heuchlerisch und unwahr etwas tut oder spricht; oder wenn ihre Handlungen und Triebe keinen Zweck haben, sondern ins Blaue hinausgehen und über sich selbst völlig im unklaren sind. Denn auch das Kleinste muß in Beziehung zu einem Zweck gesetzt werden. Der Zweck aber aller vernunftbegabten Wesen ist: den Grundsätzen und Satzungen des ältesten Gemeinwesens Folge zu leisten.

14 (17)

Das menschliche Leben ist, was seine Dauer betrifft, ein Punkt; des Menschen Wesen flüssig, sein Empfinden trübe, die Substanz seines Leibes leicht verweslich, seine Seele – einem Kreisel vergleichbar, sein Schicksal schwer zu bestimmen, sein Ruf eine zweifelhafte Sache. Kurz, alles Leibliche an ihm ist wie ein Strom, und alles Seelische ein Traum, ein Rauch: sein Leben Krieg und Wanderung, sein Nachruhm Vergessenheit. Was ist es nun, das ihn über das alles zu erheben vermag? Einzig die Philosophie, sie, die uns lehrt, den göttlichen Funken, den wir in uns tragen, rein und unverletzt zu erhalten, daß er Herr sei über Freude und Leid, daß er nichts ohne Überlegung tue, nichts erlüge und erheuchele und stets unabhängig sei von dem, was andere tun oder nicht tun, daß er alles, was ihm widerfährt und was ihm zugeteilt wird, so aufnehme, als komme es von da, von wo er selbst gekommen, und daß er endlich den Tod mit heiterem Sinn erwarte als den Moment der Trennung aller Elemente, aus denen jegliches lebendiges Wesen besteht. Denn wenn den Elementen dadurch nichts Schlimmes widerfährt, daß sie fortwährend ineinander übergehen, weshalb sollte man sich scheuen vor der Verwandlung und Lösung aller auf einmal? Vielmehr ist dies das Naturgemäße, und das Naturgemäße ist niemals vom Übel.

DRITTES BUCH

1

Wir müssen uns nicht bloß bedenken, daß das Leben mit jedem Tage schwindet und ein immer kleinerer Teil davon übrigbleibt, sondern auch beherzigen, daß es ja ungewiß ist, wenn man ein längeres Leben vor sich hat, ob sich die Geisteskräfte immer gleich bleiben und zum Verständnis der Dinge sowie zu all den Wahrnehmungen und Betrachtungen hinreichen werden, die uns auf dem Gebiete des Göttlichen und Menschlichen erfahren machen. Denn wieviele werden im Alter nicht kindisch! und bei wem ein solcher Zustand eingetreten ist, dem fehlt es zwar nicht an der Fähigkeit zu atmen, sich zu nähren, sich etwas vorzustellen und etwas zu begehren; aber das Vermögen, sich frei zu bestimmen, die Reihe der Pflichten, die ihm obliegen, zu überschauen, die Erscheinungen sich zu zergliedern und darüber, ob's Zeit zum Sterben sei oder was sonst einer durchaus geweckten Denkkraft bedarf, sich klar zu werden – das ist bei ihm erloschen. Also eilen muß man, nicht bloß, weil uns der Tod mit jedem Tage näher tritt, sondern auch, weil die Fähigkeit, die Dinge zu betrachten und zu verfolgen, oft vorher aufhört.

2

Merkwürdig ist, wie an den Erzeugnissen der Natur auch das, was nur beiläufiges Merkmal ist, einen gewissen Reiz ausübt. So machen z. B. die Risse und Sprünge im Brot, die gewissermaßen gegen die Absicht des Bäckers sind, die Eßlust besonders rege. Ebenso geht es mit den Feigen, die, wenn sie überreif sind, aufbrechen, und den Oliven, die gerade wegen der Stellen geschätzt werden, wo sie nahe daran sind, faul zu werden. Die niederhängenden Ähren, die Stirnfalte des Löwen, der Schaum am Munde des Ebers und manches andere dergleichen hat freilich keinen Reiz, wenn man's für sich betrachtet; aber weil es uns an den Werken der Natur und im Zusammenhange mit ihnen entgegentritt, erscheint es als eine Zierde und wirkt anziehend. Fehlt es uns also nur nicht an Empfänglichkeit und an Tiefe des Blicks in die Welt der Dinge, so werden wir kaum etwas von solchen Nebenumständen auffinden, was uns nicht angenehm deuchte. Ebenso werden wir dann aber auch z. B. wirkliche Tierkämpfe nicht weniger gern ansehen als die Darstellungen, die uns Maler und Bildhauer davon geben; und unser keusches Auge wird mit gleichem Wohlgefallen auf der würdigen Gestalt des Greises wie auf der liebreizenden des Mädchens ruhen. Doch gehört dazu eben eine innige Vertrautheit mit der Natur und ihren Werken.

3

Hippokrates hat viele Krankheiten geheilt, dann ist er selbst an einer Krankheit gestorben. Die Chaldäer weissagten vielen den Tod, dann hat sie selber das Geschick ereilt. Alexander, Pompejus, Cäsar – nachdem sie so manche Stadt von Grund aus zerstört und in der Schlacht soviele Tausende ums Leben gebracht, schieden selbst aus dem Leben. Heraklit, der über den Weltbrand philosophiert, starb an der Wassersucht, den Demokrit brachte das Ungeziefer um, den Sokrates – ein Ungeziefer anderer Art. Kurz, zu einem jeden heißt es einmal: Du bist eingestiegen, gefahren, im Hafen eingelaufen: so steige nun aus! Geht's in ein anderes Leben – gewiß in keins, das ohne Götter ist. Ist's aber ein Zustand der Unempfindlichkeit – auch gut: Wir hören auf, von Leid und Freude hingehalten zu werden, und verlassen ein Behältnis von um so schlechterer Art, je edler der Eingeschlossene, denn er ist Geist und göttlichen Wesens, jenes aber Staub und verweslicher Stoff.

4

Verschwende deine Zeit nicht mit Gedanken über das, was andere angeht, es sei denn, daß du jemand damit ersprießlich sein kannst. Du versäumst offenbar notwendigere Dinge, wenn dich nichts weiter beschäftigt als was der und jener macht und aus welchem Grunde er so handelt, was er sagt oder will oder anstellt. So etwas zieht den Geist nur ab von der Beobachtung seiner selbst. Man muß alles Eitle und Vergebliche aus der Kette der Gedanken zu entfernen suchen, vorzüglich alle müßige und nichtswürdige Neugier, und sich nur an solche Gedanken gewöhnen, über die wir sofort, wenn uns jemand fragt, was wir gerade denken, gern und mit aller Offenheit Rechenschaft geben können, so daß man gleich sieht: Hier ist alles lauter und gut und so, wie es einem Gliede der menschlichen Gesellschaft geziemt, hier wohnt nichts von Genußsucht und Lüsternheit, nichts von Zank oder Neid oder Mißtrauen, nichts von alledem, wovon der Mensch nur mit Erröten gestehen kann, daß es seine Seele beschäftige. Und ein solcher Mensch – dem es nun ja auch nicht an dem Streben nach Auszeichnung fehlen kann – ist ein Priester und Diener der Götter, der Gewinn aus dem inneren Gottesbewußtsein zu ziehen weiß, so daß ihn keine Lust beflecken, kein Schmerz verwunden, kein Stolz berücken, nichts Böses überhaupt reizen kann; er ist ein Held in jenem großen Kampf gegen die Leidenschaft, und eingetaucht in das Wesen der Gerechtigkeit vermag er jegliches Geschick von ganzer Seele zu begrüßen. Ein solcher Mensch aber denkt selten und nur, wenn es das allgemeine Beste erfordert, an das, was andere sagen oder tun oder meinen. Sondern die eigene Pflicht ist der einzige Gegenstand seines Tuns, so wie, was ihm das Schicksal gesponnen im Gewebe des Ganzen, der Hauptgegenstand seines Nachdenkens. Dort hält er Tugend, hier den guten Glauben. Und in der Tat ist jedem zuträglich, was sich mit ihm zuträgt nach dem Willen des Schicksals. Stets ist er eingedenk, daß alle Vernunftwesen einander verwandt sind und daß es zur menschlichen Natur gehört, für andere zu sorgen. Nach Ansehen strebt er nur bei denen, die ein naturgemäßes Leben führen, da er ja weiß, was die, die nicht so leben, sind, wie sie's zu Hause und außer dem Hause, am

Tage und bei Nacht und mit wem sie ihr Wesen treiben. Das Lob derer also, die nicht sich selber zu genügen wissen, hat für ihn nicht den geringsten Wert.

5

Tue nichts mit Widerwillen, nichts ohne Rücksicht auf das Gemeinwohl, nichts ungeprüft, nichts wobei du noch ein Bedenken hast. Drücke deine Gedanken aus ohne Ziererei. Sei kein Schwätzer und kein Vielgeschäftiger. Sondern mit einem Worte: Der Gott in dir führe das Regiment, welchem Geschlecht, Alter, Beruf, welcher Abkunft und Stellung du nun auch angehören magst, so daß du immer in der Verfassung bist, wenn du abgerufen werden solltest, gern und willig zu folgen. – Eidschwur und Zeugenschaft mußt du immer entbehren können. – Innerlich aber sei heiter, nicht bedürfend, daß die Hilfe von außen dir komme, auch nicht des Friedens bedürftig, den andere uns geben können. – Steh aufrecht, heißt es, nicht: lasse dich stellen!

6

Kannst du im menschlichen Leben etwas Besseres finden als Gerechtigkeit, Wahrheit, Selbstbeherrschung, Tapferkeit oder mit einem Wort: als den Zustand der Seele, wo du in allem, was eine Sache der Vernunft und Selbstbestimmung ist, mit dir selbst, in dem aber, was ohne dich geschieht, mit dem Schicksale zufrieden bist; kannst du, sage ich, etwas entdecken, was noch besser ist als dies, so wende dich dem mit ganzer Seele zu und freue dich, daß du das Beste aufgefunden hast. Sollte es aber in Wahrheit nichts Besseres geben als den in dir wohnenden Gott, der deine Begierden sich untertänig zu machen weiß, der die Gedanken prüft, den sinnlichen Empfindungen, wie Sokrates sagt, sich zu entziehen sucht, und der sich selbst – den Göttern unterwirft und für das Wohl der Menschen Sorge trägt: solltest du finden, daß gegen dieses alles andere gering ist und verschwindet, so folge nun auch keiner anderen Stimme und laß in deine Seele nichts eindringen, was, wenn es dich einmal angezogen, dich an der ungeteilten Pflege jenes herrlichen Schatzes, deines Eigentums, hindert. Denn diesem Gute, dem höchsten nach Wesen und Wirkung, irgend etwas anderes wie Ehre, Herrschaft, Reichtum, Genuß an die Seite setzen zu wollen, wäre Torheit, weil uns all dieses, selbst wenn wir es nur ein wenig anziehend finden, dann mit einem Male ganz in Beschlag nimmt und verführt. Darum sage ich, man solle einfach und unbedingt das Bessere wählen und ihm anhängen. Das Bessere ist aber auch immer zugleich das Zuträgliche, sei es, daß es uns frommt als denkenden oder als empfindenden Wesen. Finden wir nun etwas, das uns als Vernunftwesen zu fördern verspricht, so müssen wir's festhalten und pflegen. Ist es aber nur für unser Empfinden zuträglich, so haben wir es mit Bescheidenheit und schlichtem Sinn hinzunehmen und nur dafür zu sorgen, daß wir uns unser gesundes Urteil bewahren und fortgesetzt die Dinge gehörig prüfen.

7

Bilde dir nie ein, daß etwas gut für dich sein könnte, was dich nötigt, einmal die Treue zu brechen, die Scham hintanzusetzen, jemand zu hassen, argwöhnisch zu sein, in Verwünschungen auszubrechen, dich zu verstellen oder Dinge zu begehren, bei denen man Vorhänge und verschlossene Türen braucht. Derjenige, welcher die Vernunft, seinen Genius und deren Dienst jederzeit die erste Rolle spielen läßt, wird nie zu einer Tragödie Anlaß geben oder seufzen oder die Einsamkeit oder große Gesellschaft suchen; er wird leben im höchsten Sinne des Worts und weder auf der Jagd noch auf der Flucht. Ob seine Seele auf lange oder kurze Zeit im Leibe eingeschlossen bleiben soll, kümmert ihn wenig; er würde, auch wenn er bald scheiden müßte, sich dazu ganz ebenso auf den Weg machen, wie wenn es gelte, irgend etwas anderes mit Anstand und mit edlem Wesen auszuführen; sondern wofür er durchs ganze Leben Sorge trägt, ist nur das, daß seine Seele sich stets in einem Zustande befinde, der einem auf das Zusammenleben mit andern angewiesenen vernünftigen Wesen geziemt.

8

In der Seele eines Menschen, der in Zucht und Schranken gehalten worden und so gehörig geläutert ist, findet man nun auch jene Wunden und Schäden nicht mehr, die so häufig unter einer gesunden Oberfläche heimlich fortwuchern. Nichts Knechtisches ist in ihm und nichts Geziertes; sein Wesen hat nichts besonders Verbindliches, aber auch nichts Abstoßendes; ihn drückt keine Schuld und nichts, was ihn zu Heimlichkeiten nötigte. Auch hat ein solcher Mensch wirklich »vollendet«, wenn ihn das Schicksal ereilt, was man von andern oft nur mit demselben Rechte sagt wie von dem Helden eines Dramas, daß er ein tragischer sei, noch ehe das Stück geendet hat.

9

Was die Fähigkeit zu urteilen und Schlüsse zu machen anbetrifft, so mußt du sie in Ehren halten. Denn es wohnt ihr die Kraft bei, zu verhüten, daß sich in deiner Seele irgendeine Ansicht festsetze, welche widernatürlich ist oder einem vernunftbegabten Wesen unangemessen. Ihre Bestimmung ist, uns geistig unabhängig zu machen, den Menschen zugetan und den Göttern gehorsam.

10

Alles übrige ist Nebensache. Das Wenige, was ich gasagt habe, reicht völlig hin. Dabei bleibe man sich bewußt, daß jeder eigentlich nur dem gegenwärtigen Augenblick lebe. Denn alles übrige ist entweder durchlebt oder in Dunkel gehüllt. Also ein Kleines ist's, was jeder lebt, und ein Kleines, wo er lebt – das Winkelchen Erde, und ein Kleines der Ruhm, auch der größte, den er hinterläßt: damit er sich forterbe in der Kette dieser Menschenkinder, die so geschwind sterben müssen und die nicht einmal sich selbst begreifen, geschweige denn einen längst vor ihnen Gestorbenen!

11

Den aufgestellten Lebensregeln ist aber noch eine hinzuzufügen. Von jedem Gegenstande, der sich deinem Nachdenken darbietet, suche dir stets einen klaren und bestimmten Begriff zu machen, so daß du weißt, was er an sich und was er nach allen seinen Beziehungen ist, damit du ihn selbst sowohl wie seine einzelnen Momente nennen und bezeichnen kannst. Denn nichts erzeugt in dem Grad hohen Sinn und edle Denkungsart, als wenn man imstande ist, sich von jeder im Leben gemachten Erfahrung, dem Wesen ihres Gegenstandes und ihrer Vermittlung nach, Rechenschaft zu geben, und alle Begebenheiten so anzusehen, daß man bei sich überlegt, in welchem Zusammenhang sie erscheinen und welche Stelle sie in demselben einnehmen, welchen Wert sie für das Ganze haben und was sie dem Menschen bedeuten, diesem Bürger eines höchsten Reiches, zu dem sich die übrigen Reiche wie die einzelnen Häuser zu der ganzen Ortschaft verhalten; daß man weiß, was man jedesmal vor sich hat, wo es sich herschreibt und wie lange es bestehen wird, und wie sich der Mensch dazu zu verhalten habe, ob milde oder tapfer, zweifelsüchtig oder vertrauensvoll, hingebend oder auf sich selbst beruhend; so daß man sich von jedem Einzelnen sagen muß, entweder: es kommt von Gott, oder: es ist ein Stück jenes großen Gewebes, das das Schicksal spinnt, und so und so gefügt, oder endlich: es kommt von einem unsrer Genossen und Brüder, der nicht gewußt hat, was naturgemäß ist. Du aber weißt es, und darum begegnest du ihm, wie es das natürliche Gesetz der Gemeinschaft fordert, mit Liebe und Gerechtigkeit. Und auch in gleichgültigen Dingen zeigst du ein ihrem Wert entsprechendes Verhalten.

12

Wenn du der gesunden Vernunft folgst und bei dem, was dir zu tun gerade obliegt, mit Eifer, Kraft und Liebe tätig bist, ohne daß dich ein anderer Gedanke dabei leitet als der, dein Inneres rein zu erhalten, als solltest du bald deinen Geist aufgeben; wenn du dich auf diese Weise zusammennimmst und dabei weder zögerst noch eilst, sondern dir genügen lässest an der dir von Natur zu Gebote stehenden Energie und an der Wahrhaftigkeit, die aus jedem deiner Worte hervorleuchten muß, so wirst du ein glückliches Leben führen. Und ich wüßte nicht, wer dich daran hindern sollte.

13

Wie die Ärzte zu raschen Heilungen stets ihre Instrumente und Eisen zur Hand haben, so mußt du behufs der Erkenntnis göttlicher und menschlischer Dinge die Lehren der Philosophie in steter Bereitschaft halten, damit du in allem, auch im Kleinsten, immer so handelst wie einer, der sich des Zusammenhangs beider bewußt ist. Denn Menschliches läßt sich ebensowenig richtig behandeln ohne Beziehung auf Göttliches als umgekehrt.

14

Höre endlich auf, dich selbst zu verwirren! Es ist nicht daran zu denken, daß du dazu kommst, was du dir für spätere Zeiten deines Lebens aufbehalten hattest, dies und jenes zu treiben und zu lesen und wieder hervorzusuchen. Darum gib solche törichte Pläne auf, und wenn du dich selber liebhast, schaffe dir – noch vermagst du's – eiligst die Hilfe, deren du bedarfst!

15

In manchem Wort, das unbedeutend scheint, wie z.B. stehlen, säen, kaufen, ruhen, sehen, was es zu tun gibt, liegt oft ein tieferer Sinn. Wie mancher sagt: »Ich will doch sehen, was es gibt«, und denkt nicht daran, daß es dazu eines anderen Schauens bedarf als das der Augen.

16

Leib, Seele, Geist – das war jene Dreiheit: der Leib mit seinen Empfindungen, die Seele mit ihren Begierden und der Geist mit seinen Erkenntnissen. Aber Bilder und Vorstellungen haben auch unsere Haustiere; von Begierden in Bewegung gesetzt werden auch die wilden Tiere oder Menschen, die nicht mehr Menschen sind, ein Phalaris, ein Nero; in allem, was vorteilhaft scheint, sich vom Geiste leiten zu lassen, ist auch die Sache solcher, die das Dasein der Götter leugnen, das Vaterland verraten und die schändlichsten Dinge tun, sobald es nur niemand sieht. Wenn soweit also jenes etwas allen Gemeinsames ist, so bleibt als das dem Guten Eigentümliche nur übrig, das ihm vom Schicksal Bestimmte willkommen zu heißen, das Heiligtum in seiner Brust nicht zu entweihen, sich nicht durch Gedankenmenge zu verwirren, sondern im Gleichmaß zu verharren, der Stimme des Gottes zu folgen, nichts zu reden wider die Wahrheit und nichts zu tun wider die Gerechtigkeit. Und daß man dabei ein einfaches, züchtiges und wohlgemutes Leben führt, daran sollte eigentlich niemand zweifeln. Geschähe es aber, wir würden deshalb doch keinem zürnen noch von dem Wege weichen, der an das Ziel des Lebens führt, bei welchem wir unbefleckt, gelassen, wohlgerüstet und willig dem Schicksal gehorchend ankommen müssen.

VIERTES BUCH

1

Wenn der in uns herrschende Geist seiner Natur folgt, kann es uns – den Ereignissen gegenüber – nicht schwerfallen, auf jede Möglichkeit vorbereitet zu sein und das Gegebene hinzunehmen. Das Festbestimmte, Abgemachte ist es dann überhaupt nicht, wofür wir Interesse haben, sondern: Was uns gut und wünschenswert scheint, ist doch immer nur mit Vorbehalt ein Gegenstand unseres Strebens; was sich uns aber geradezu in den Weg stellt, betrachten wir als ein Mittel zu unsrer Übung –: der Flamme gleich, die sich auch solcher Stoffe zu bemächtigen weiß, deren Berührung ein kleineres Licht verlöschen würde, aber ein helles Feuer nimmt in sich auf und verzehrt, was man ihm zuführt, und wird nur größer dadurch.

2

Bei allem, was du tust, gehe besonnen zu Werke und so, daß du dabei die höchste Lebenskunst im Auge hast!

3

Man liebt es, sich zuzeiten aufs Land, ins Gebirge, an die See zurückzuziehen. Auch du sehnst dich vielleicht dahin. Im Grunde genommen aber steckt dahinter eine große Beschränktheit. Es steht dir ja frei, zu jeglicher Stunde dich in dich selbst zurückzuziehen, und nirgends finden wir eine so friedliche und ungestörte Zuflucht als in der eignen Seele, sobald wir nur etwas von dem in uns tragen, was wir nur anzuschauen brauchen, um uns in eine vollkommen ruhige und glückliche Stimmung versetzt zu sehn – eine Stimmung, die nach meiner Ansicht freilich ein anständiges, sittliches Wesen bedingt. Auf diese Weise also ziehe dich beständig zurück, um dich immer wieder aufzufrischen. Einfach und klar und bestimmt aber seien jene Ideen, die aus deiner Seele so manches hinwegspülen, wenn du sie dir vergegenwärtigst, und dir eine Zuflucht schaffen sollen, aus der du nicht übellaunisch zurückkehrst. Und was sollte dich auch alsdann verdrießen? »Die Schlechtigkeit der Menschen?« Aber wenn du bedenkst, daß die vernünftigen Wesen füreinander geboren sind, daß das Ertragen des Unrechts zur Gerechtigkeit gehört, daß die Menschen unfreiwillig sündigen, und dann – wie viel streitsüchtige, argwöhnische, gehässige und gewalttätige Menschen dahin gemußt haben und nun ein Raub der Verwesung sind – wirst du da deine Abneigung nicht loswerden? »Oder ist es dein Schicksal?« So erinnere dich nur jenes Zwiefachen: entweder wir sagen: es gibt eine Vorsehung, oder: wir sehen uns als Teile und Glieder eines Ganzen an, und unserer Betrachtung der Welt liegt die Idee eines Reiches zugrunde. »Oder ist es dein Leib, der irgendwie schmerzt?« Aber du weißt ja, der Geist, wenn er sich selbst begriffen und seine Macht kennengelernt hat, hängt nicht ab von sanfteren oder rauheren Lüften; auch weißt du, wie wir über Schmerz und Freude denken, und bist einverstanden damit. »Oder macht dir der Ehrgeiz zu schaffen?« Aber wie schnell breitet Vergessenheit über alles ihren Schleier! wie unablässig drängt eins das andere in dieser Welt ohne Anfang und ohne Ende! Wie nichtig ist jeder Nachklang unseres Tuns! wie veränderlich und wie urteilslos jede Meinung, die sich über uns bildet, und wie eng der Kreis, in dem sie sich bildet! Die ganze Erde ist ja nur ein Punkt im All, und wie klein ist nun wieder der Winkel auf ihr, wo von uns die Rede sein kann! Wie viele können es sein und was für welche, die unsern Ruhm verkünden? In der Tat also gilt es sich zurückzuziehen auf eben diesen kleinen Raum, der unser ist, und hier sich weder zerstreuen noch einspannen zu lassen, sondern sich frei zu bewegen und die Dinge anzusehen wie ein Mensch, wie ein Glied der Gesellschaft, wie ein sterbliches Wesen. Unter allen Wahrheiten aber, die dir am geläufigsten sind, müssen jedenfalls die beiden sein: die eine: daß Außendinge die Seele nicht berühren dürfen, sondern wirklich Außendinge sein und bleiben müssen. Denn Widerwärtigkeiten gibt es nur für den, der sie dafür hält. Die andere: daß alles, was du siehst, sich bald verwandeln und nicht mehr sein werde, wie du selbst schon eine Menge Wandlungen durchgemacht hast. Mit einem Wort: Die Welt ist ein ewiger Wechsel, das Leben ein Wahn!

4

Haben wir alle das Denkvermögen gemein, dann auch die Vernunft; dann auch die Stimme, die uns sagt, was wir tun und lassen sollen; dann auch eine Gesetzgebung; wir sind also alle Bürger eines und desselben Reiches. Und so würde folgen, daß die Welt ein Reich ist. Denn welches Reich wäre sonst dem menschlichen Geschlecht gemein? – Stammt nun etwa jene Denkkraft, jenes Vernünftige und Gesetzgebende aus diesem uns allen gemeinsamen Reiche oder sonst woher? Denn gleichwie bei verschiedenen Stoffen jeder seine besondere Quelle hat (denn es ist Nichts, was aus dem Nichts entstände, so wenig wie Etwas in das Nichts übergeht), so muß auch das Geistige irgendwoher stammen.

5

Mit dem Tode verhält sich's wie mit der Geburt: beide sind Geheimnisse der Natur. Dieselben Elemente, welche hier sich einigen, werden dort gelöst. Und das ist nichts, was uns unwürdig vorkommen könnte. Es widerspricht weder dem vernünftigen Wesen selbst noch der Art und Weise seiner Einrichtung.

6

Es liegt freilich in der Natur der Sache, daß gewisse Leute einen solchen Widerspruch darin finden. Aber wer dies nicht will, will nicht, daß der Feigenbaum Saft habe. Überhaupt aber sei dessen eingedenk, daß ihr beide, du und er, in kürzester Zeit sterben werdet und daß bald nicht einmal euer Name übrigbleibt.

7

Laß deinen Wahn schwinden, du hörst auf, dich zu beklagen. Beklagst du dich nicht mehr, ist auch das Übel weg.

8

Der Begriff des Heilsamen und des Schädlichen schließt es schon in sich, daß, was den Menschen nicht verdirbt, auch sein Leben nicht verderben oder verbittern kann, weder äußerlich noch innerlich.

9

Weil es nützlich ist, handelt die Natur notwendigerweise so, wie sie handelt.

10

Alles, was geschieht, geschieht mit Recht; einer genauen Beobachtung kann das nicht entgehen. Auch sage ich nicht bloß: es ist in der Ordnung, sondern: es ist recht, d.h. als käme es von einem, der alles nach Recht und Würdigkeit austeilt. Setze deine Beobachtungen nur fort, und du selbst – was du auch tust, mache gut! gut im eigentlichsten Sinne des Worts! Denke daran bei jeder deiner Handlungen!

11

Wie derjenige denkt, der dich verletzt, oder wie er will, daß du denken sollst, so denke gerade nicht. Sondern sieh die Sache an, wie sie in Wahrheit ist.

12

Zu zweierlei müssen wir stets bereit sein: einmal, zu handeln einzig den Forderungen gemäß, welche das in uns herrschende Gesetz an uns stellt – und das heißt immer auch zugleich zum Nutzen der Menschen handeln. Sodann: auf unserer Meinung nicht zu beharren, wenn einer da ist, der sie berichtigen und uns so von ihr abbringen kann. Doch muß jede Sinnesänderung davon ausgehen, daß die neue Ansicht die richtige und gute sei, nicht davon, daß sie Annehmlichkeiten und äußere Vorteile verschaffe.

13

Wenn du Vernunft hast, warum gebrauchst du sie nicht? Tut sie das ihrige, was kannst du mehr verlangen?

14

Was du bist, ist doch nicht das Ganze. So wirst du denn auch einst aufgehen in dem, der dich erzeugte; oder vielmehr, nach geschehener Wandlung wirst du wieder aufgenommen werden in seine Erzeugernatur.

15

Viele Weihrauchkörner fallen auf denselben Altar der Gottheit – das ist des Menschen Leben. Wieviel davon schon gestreut ist, wieviel noch nicht, was liegt daran?

16

Sobald du dich zu den Grundsätzen und dem Dienst der Vernunft bekehrst, kannst du innerhalb zehn Tagen denen ein Gott sein, denen du jetzt so verächtlich erscheinst wie ein Affe oder ein wildes Tier.

17

Richte dich nicht ein, als solltest du hundert Jahre alt werden. Denn wie nahe ist vielleicht dein Ende! Aber solange du lebst, solange es in deiner Macht steht – sei gut!

18

Welch ein Gewinn, wenn man auf anderer Leute Worte, Angelegenheiten und Gedanken nicht achtet, sondern nur merkt auf das eigene Tun, ob es gerecht und fromm und gut sei,

»– das Auge abgewendet
vom Pfuhl des Lasters, nur der eignen Bahn
nachgehend, grad und unverrückt.«

19

Der Ruhmbegierige bedenkt nicht, daß auch die in aller Kürze nicht mehr sein werden, die seiner gedenken, und daß es sich mit jedem folgenden Geschlecht ebenso verhält, bis endlich die Erinnerung, durch solche fortgepflanzt, die nun erloschen sind, selber erlischt. Aber gesetzt auch, sie wären unsterblich, die deinen Namen nennen, und unsterblich dieses Namens Gedächtnis: Was nützt dir's? dir, der du bereits gestorben bist? Aber auch, was nützt dir's bei deinem Leben? Es sei denn, daß du zeitliche Vorteile dabei hast. Sind also Ruhm und Ehre dir zuteil geworden, achte dieser Gabe nicht! sie macht dich eitel und abhängig vom Geist und Wort der andern.

20

Jegliches Schöne ist schön durch sich selbst und in sich vollendet, so daß für ein Lob kein Raum in ihm ist. Wird es doch durch Lob weder schlechter noch besser. Dies gilt auch von dem, was man in der Regel schön nennt, von dem körperlich Schönen und den Werken der Kunst. Das wahrhaft Schöne bedarf des Lobes ebensowenig als das göttliche Gesetz, die Wahrheit, die Güte, die Scham. Oder vermag daran etwa das Lob zu bessern oder der Tadel zu verderben? Wird die

Schönheit des Edelsteins, des Purpurs, des Goldes, des Elfenbeins, die Schönheit eines Instruments, einer Blüte, eines Bäumchens geringer dadurch, daß man sie nicht lobt?

21

Wenn die Seelen fortdauern, wie vermag sie der Luftraum von Ewigkeit her zu fassen? Aber wie ist denn die Erde imstande, die Leichname sovieler Jahrtausende zu fassen? Die Leiber, nachdem sie eine Zeitlang gedauert haben, verwandeln sich und lösen sich auf, und so wird andern Leibern Platz gemacht. Ebenso die in den Äther versetzten Seelen. Eine Zeitlang halten sie zusammen, dann verändern sie sich, dehnen sich aus, verbrennen und gehen in das allgemeine Schöpferwesen auf, so daß ein Raum für neue Bewohner entsteht. So etwa ließe sich die Ansicht von der Fortdauer der Seelen erklären. Was aber die Leiber betrifft, so kommt hier nicht bloß die Menge der auf jene Weise untergebrachten, sondern auch die der täglich von uns und von den Tieren verzehrten Leiber in Betracht. Welch eine Menge verschwindet und wird so gleichsam begraben in den Leibern derer, die sich davon nähren, und immer derselbe Raum ist's, der sie faßt, durch Verwandlung in Blut, in Luft- und Wärmestoffe. Das Prinzip oder die Summe aller dieser Erscheinungen ist also: die Auflösung in die Materie und in den Urgrund aller Dinge.

22

Stets entschieden, gilt es, zu sein und das Rechte im Auge zu haben bei jeglichem Streben. In dem Gedankenleben aber sei das Begreifliche dein Leitstern.

23

Was mit dir zusammenstimmt, o Welt, ist auch für mich angemessen! Nichts kommt zu früh für mich und nichts zu spät, wenn's bei dir heißt: »Zu guter Stunde.« Eine süße Frucht ist mir alles, was du gezeitigt hast, Natur. Von dir und in dir ist alles, und zu dir kehrt es zurück. – Als Aristophanes Theben wiedersah, rief er: »Du liebe Stadt des Kekrops!« und ich, ich sollte mit dem Blick auf dich nicht sagen: »Du liebe Stadt des höchsten Gottes«?

24

Nur auf wenig Dinge, heißt es, darf sich deine Tätigkeit erstrecken, wenn du dich wohlbefinden willst. Aber wäre es nicht besser, sie auf das Notwendige zu richten? auf das, was wir als Wesen, die auf das Leben in Gemeinschaft angewiesen sind, tun sollen? Denn das hieße nicht bloß das Vielerlei, sondern auch das Schlechte vermeiden und müßte uns also doppelt glücklich machen. Gewiß würden wir ruhiger und zufriedener sein, wenn wir das meiste von dem, was wir zu reden und zu tun pflegen, als überflüssig ließen. Ist es doch durchaus notwendig, daß wir in jedem einzelnen Falle, ehe wir handeln, eine Stimme der Warnung vernehmen; und sollte die von etwas ausgehen können, das an sich selbst unnötig ist? Zuerst aber befreie deine Gedanken von allem, was unnütz ist, dann wirst du auch nichts Unnützes tun.

25

Mache den Versuch – vielleicht gelingt dir's – zu leben wie ein Mensch, der mit seinem Schicksal zufrieden ist, und, weil er recht handelt und liebevoll gesinnt ist, auch den inneren Frieden besitzt.

26

Willst du? so höre noch dies: Rege dich nicht selbst auf, und bleibe immer bei dir. Hat sich jemand an dir vergangen: An sich selbst hat er sich vergangen. Ist dir etwas Trauriges widerfahren: Es war dir von Anfang an bestimmt; was geschieht, ist alles Fügung. Und im Ganzen: Das Leben ist kurz. Die Gegenwart ist's, die wir nutzen sollen durch rechtschaffenes und überlegtes Handeln, und wenn wir ausruhen wollen, durch ein besonnenes Ausruhen. Auch in Erholungsstunden bleibe nüchtern!

27

Entweder ist die Welt ein wohlgeordnetes Ganzes oder ein zufälliges Gemenge, das man aber doch eine Weltordnung nennt. Doch wie? Kann in dir eine gewisse Ordnung herrschen, wenn im Weltganzen Unordnung herrscht? Und das könnte sein bei der ineinandergestimmten Vereinigung aller möglichen Kräfte, die einander widerstreiten und zerteilt sind?

28

Es gibt schwarze Charaktere, weibische, halsstarrige, tierische, viehische, kindische, träge, zweideutige, geckenhafte, betrügerische, tyrannische Charaktere.

29

Wenn der ein Fremdling ist in der Welt, der nicht weiß, was auf ihr ist und geschieht, so nenne ich den einen Flüchtling, der sich den Ansprüchen des Staates entzieht; einen Blinden, der das Auge seines Geistes schließt; einen Bettler, der eines andern bedarf und nicht in sich alles zum Leben Nötige trägt; einen Auswuchs des Weltalls, der von dem Grundgesetz der Allnatur abweicht und – mit dem Schicksal hadert! als hätte sie, die dich hervorgebracht, nicht auch dieses erzeugt; ein abgehauenes Glied der menschlichen Gesellschaft, der mit seiner Seele von dem Lebensprinzip der einen alle Vernunftwesen umfassenden Gemeinde geschieden ist.

30

Es gibt Philosophen, die keinen Rock anzuziehen haben und halbnackt einhergehen. »Nichts zu essen, aber treu der Idee.« Auch für mich ist die Philosophie kein Brotstudium.

31

Liebe immerhin die Kunst, die du gelernt hast, und ruhe dich aus in ihr. Doch gehe durchs Leben nicht anders wie einer, der alles, was er hat, von ganzem Herzen den Göttern weiht, niemandes Tyrann und niemandes Knecht.

32

Betrachten wir die Geschichte, z.B. die Zeiten Vespasians, so finden wir Menschen, die sich freien, Kinder zeugen, krank liegen, sterben, Krieg führen, Feste feiern, Handel treiben, Acker bauen; finden Schmeichler, Freche, Mißtrauische, Listige, oder solche, die ihr Ende herbeiwünschen, die sich über die schlimmen Zeiten beklagen; finden Liebhaber, Geizhälse, Ehrgeizige, Herrschsüchtige. Nicht wahr? Ihr Leben ist jetzt nirgends mehr zu finden. Gehen wir über auf die Zeiten des Trajan: alles ganz ebenso. Und auch diese Zeit ging zu Grabe. – So betrachte die Grabschriften aller Zeiten und Völker, damit du siehst, wie viele, die sich aufschwangen, nach kurzer Zeit wieder sanken und vergingen. Namentlich muß man immer wieder an die denken, bei denen wir's mit eignen

Augen gesehen haben, wie sie nach eitlen Dingen trachteten, wie sie nicht taten, was ihrer Bildung entsprach, daran nicht unablässig festhielten und sich daran nicht genügen ließen. Und fällt uns dann die Regel ein, daß die Behandlung einer Sache ihren Maßstab in dem Wert der Sache selbst hat, so wollen wir sie doch ja beobachten, damit wir uns vor dem Ekel bewahren, der die notwendige Folge davon ist, daß man den Dingen mehr Wert beilegt, als sie verdienen.

33

Worte, die ehemals im Gebrauch waren, sind nun veraltet. So sind auch die Namen einst hochberühmter Männer, eines Camill, Scipio, Cato, dann eines Augustus, dann Hadrians, dann Antoninus Pius, später gleichsam veraltete Worte. Sie verbleichen bald und nehmen das Gewand der Sage an, bald sind sie gar versunken in Vergessenheit. Dies gilt von denen, die ehemals so wunderbar geleuchtet haben. Denn von den andern, sind sie nur tot, weiß man nichts mehr, hat man nie etwas gehört. Also ist Unvergeßlichkeit ein leeres Wort. Aber was ist es denn nun, wonach sich's lohnt zu streben? Nur das eine: eine tüchtige Gesinnung, ein Leben zum Besten anderer, Wahrheit in jeder Äußerung, ein Zustand des Gemüts, wonach dir alles, was geschieht, notwendig scheint und dir befreundet, aus einer Quelle fließend, mit der du vertraut bist.

34

Gib dich dem Schicksal willig hin und erlaube ihm, dich mit den Dingen zu verflechten, die es dir irgend zuerkennt.

35

Eintagsfliegen sind beide, der Gedenkende und der, dessen gedacht wird.

36

Alles entsteht durch Verwandlung, und die Natur liebt nichts so sehr, als das Vorhandene umzumodeln und Neues von ähnlicher Art zu erzeugen. Jedes Einzelwesen ist gewissermaßen der Same eines zukünftigen, und es wäre eine große Beschränktheit, nur das als ein Samenkorn anzusehen, was in die Erde oder in den Mutterschoß geworfen wird.

37

Wie bald wirst du tot sein, und noch immer bist du nicht ohne Falsch, nicht ohne Leidenschaft, nicht frei von dem Vorurteil, daß Äußeres dem Menschen schaden könne, nicht sanftmütig gegen jedermann, und noch immer nicht überzeugt, daß Gerechtigkeit die einzig wahre Klugheit sei.

38

Mache dich mit den herrschenden Gesinnungen der Menschen bekannt, mit ihren Sorgen und mit dem, was sie fliehen und was sie erstreben.

39

In der Seele eines andern sitzt es nicht, was dich unglücklich macht, auch nicht in der Wendung deiner äußeren Verhältnisse. Wo denn, fragst du? In deinem Urteil! Halte es nicht für ein Unglück, und alles steht gut. Und wenn, was dich zunächst umgibt, deine Haut verwundet, geschnitten, gebrannt wird, muß der Teil deines Wesens, der über solche Dinge urteilt, in Ruhe sein, d.h. er muß denken, daß das, was ebenso den Guten wie den Bösen treffen kann, unser Unglück oder unser Glück unmöglich ausmacht. Denn was bald der erfährt, der gegen die Natur lebt, bald wieder der, der ihrer Stimme folgt, das kann doch selbst nicht widernatürlich oder natürlich heißen.

40

Die Welt ist ein einziges lebendiges Wesen, ein Weltstoff und eine Weltseele. In dieses Weltbewußtsein wird alles aufgenommen, so wie aus ihm alles hervorgeht, so jedoch, daß von den Einzelwesen eines des anderen Mitursache ist und auch sonst die innigste Verknüpfung unter ihnen stattfindet.

41

Nach Epiktet ist der Mensch – eine Seele mit einem Toten belastet.

42

Was zu dem Wandlungsprozeß gehört, dem wir alle unterworfen sind, das kann als solches weder gut noch böse sein.

43

Ein Strom des Werdens, in dem eins das andre jagt, ist die Zeit. Denn ein jegliches Ding – verschlungen ist's, kaum da es aufgetaucht. Aber kaum ist das eine dahin, trägt die Woge schon wieder ein anderes her. Doch auch dieses wird weggeschwemmt.

44

Wie die Rose die Vertraute des Sommers und die Früchte die Freunde des Herbstes sind, so ist das Schicksal uns freundlich gesinnt, mag es nun Krankheit oder Tod oder Schimpf und Schande heißen. Denn Kummer machen solche Dinge nur dem Toren.

45

Das Folgende entspricht immer dem Vorangehenden, nicht nur in der Weise des Nacheinander mit bloß äußerer Verknüpfung, sondern durch ein inneres geistiges Band. Denn wie im Reiche des Gewordenen alles harmonisch gefügt ist, so tritt uns auch auf dem Gebiete des Werdens keine bloße Aufeinanderfolge, sondern eine wunderbare innere Verwandtschaft entgegen.

46

Mag es richtig sein, was Heraklit sagt, daß in der Natur das eine des andern Tod sei, der Erde Tod das Wasser, des Wassers die Luft, der Luft das Feuer und umgekehrt; doch hat er nicht gewußt, wohin alles führt. Aber es läßt sich auch von solchen Leuten lernen, die das Ziel ihres Weges aus dem Gedächtnis verloren haben, auch von solchen, die, je mehr sie mit dem alles beherrschenden Geiste verkehren, tatsächlich sich desto mehr von ihm entfernen, auch von denen, welchen gerade das fremd ist, was sie täglich beschauen, oder die wie im Traume handeln und reden (denn auch das nennt man noch Tätigkeit), oder endlich von solchen, die wie die kleinen Kinder alles nachmachen.

47

Wenn dir ein Gott weissagte, du werdest morgen, höchstens übermorgen sterben, so könntest du dich über dieses »Übermorgen« doch nur freuen, wenn gar nichts Edles in dir steckt. Denn was ist's für ein Aufschub! Ebenso gleichgültig aber müßte es dir sein, wenn man dir prophezeite: nicht morgen, sondern erst nach langen Jahren!

48

Bedenke, wie viele Ärzte sind gestorben, nachdem sie an wie vielen Krankenbetten bedenklich den Kopf geschüttelt; wie viele Astrologen, die erst andern mit großer Wichtigkeit den Tod verkündigten; wie viele Philosophen, nachdem sie über Tod und Unsterblichkeit ihre tausenderlei Gedanken ausgekramt; wie viele Kriegshelden mit dem Blute anderer bespritzt; wie viele Fürsten, die ihres Rechtes über Leben und Tod mit großem Übermute brauchten, als wären sie selbst nicht auch sterbliche Menschen; wie viele Städte – Helion, Pompeji, Herkulanum und unzählige andere – sind, daß ich so sage, gestorben! Dann die du selbst gekannt hast, einer nach dem andern! Der jenen begrub, wurde dann selbst begraben, und das binnen kurzem. Denn alles Menschliche ist nichtig und vorübergehend, das Gestern eine Seifenblase, das Morgen – erst eine einbalsamierte Leiche, dann ein Haufen Asche. Darum nutze das Heute so wie du sollst, dann scheidet sich's leicht: wie die Olive, wenn sie reif geworden, abfällt – preisend den Zweig, an dem sie hing, dankend dem Baum, der sie hervorgebracht!

49

Wie der Fels im Meere, an dem die Wellen unaufhörlich rütteln, steht, so daß ringsum der Brandung Ungestüm sich legen muß, so stehe auch du! Nenne dich nicht unglücklich, wenn dir ein »Unglück« widerfuhr! Nein, sondern preise dich glücklich, daß, obwohl es dir widerfahren ist, der Schmerz dir doch nichts anhat und weder Gegenwärtiges dich mürbe machen noch Zukünftiges dich ängstigen kann. Jedem könnt' es begegnen, aber nicht jeder hätte es so ertragen. Und warum nennst du das eine ein Unglück, das andere ein Glück? Nennst du nicht das ein Unglück für den Menschen, was ein Fehlgriff seiner Natur ist? Aber wie sollte das ein Fehlgriff der menschlichen Natur sein können, was nicht wider ihren Willen ist? Und du kennst doch ihren Willen? Kann dich denn irgendein Schicksal hindern, gerecht zu sein, hochherzig, besonnen, klug, selbständig in deiner Meinung, wahrhaft in deinen Reden, sittsam und frei in deinem Betragen, hindern an dem, was, wenn es vorhanden ist, so recht dem Zweck der Menschennatur entspricht? So oft also etwas Schmerzhaftes dir nahe tritt: Denke, es sei kein Unglück; aber ein Glück ist, es mit edlem Mut zu tragen.

50

Es ist zwar ein lächerliches aber wirksames Hilfsmittel, wenn man den Tod verachten lernen will, sich die Menschen zu vergegenwärtigen, die mit aller Inbrunst am Leben hingen. Denn was war ihr Los, als daß sie zu früh starben? Begraben liegen sie alle, die Fabius, Julianus, Lepidus oder wie sie heißen mögen, die allerdings so manche andere überlebten, dann aber doch auch an die Reihe mußten. – Wie klein ist dieser ganze Lebensraum, und unter wieviel Mühen, mit wie schlechter

Gesellschaft, in wie zerbrechlichem Körper wird er zurückgelegt! Es ist nicht der Rede wert. Hinter dir eine Ewigkeit und vor dir eine Ewigkeit: dazwischen – was für ein Unterschied, ob du drei Tage oder drei Jahrhunderte zu leben hast?

51

Immer wandle den kürzesten Weg, den du zu gehen hast! Er ist der natürliche. Man folgt da im Reden und Tun nur der gesunden Vernunft. Du wirst dich auf diese Weise von mancher Sorge und von manchem Ballast befreien.

FÜNFTES BUCH

1

Früh, wenn's dir leid tut, schon aufgewacht zu sein, sage dir gleich, du seist erwacht, dich menschlich zu betätigen. Um der Tätigkeit willen bist du geboren und in die Welt gekommen, und du wolltest verdrießlich sein, daß du ans Werk gehen mußt? Oder bist du dazu geschaffen, in den Federn liegend dich zu pflegen? Freilich ist dies angenehmer; aber bist du um des Vergnügens willen da, nicht vielmehr um etwas zu schaffen und dich anzustrengen? Sieh alle Kreaturen, die Sperlinge, die Ameisen, die Spinnen, die Bienen, wie jedes sein Werk vollbringt und jedes in seiner Weise an der Aufgabe des Ganzen arbeitet! Und du wolltest das deinige nicht tun? nicht den Weg laufen, den die menschliche Natur dir vorschreibt? – Man muß doch auch ausruhen, sagst du. Freilich muß man. Doch in dem Maße, das die Natur dir selbst an die Hand gibt, ebenso wie für das Essen und Trinken. Darin aber willst du die Grenze überschreiten und mehr tun als nötig ist, nur in der Tätigkeit zurückbleiben? Da sieht man, daß du dich selbst nicht liebhast, sonst würdest du die menschliche Natur und deren Willen liebhaben. Andere, die mit Liebe die Kunst betreiben, die sie gelernt haben, sind oft so versessen darauf, daß sie darüber vergessen, sich zu waschen oder zu frühstücken. Du aber ehrst die Menschheit in dir nicht einmal so hoch wie jene ihre Kunst, wie der Drechsler seine Drechselei, der Tänzer seine Sprünge, der Geizhals sein Geld, der Ehrgeizige seinen Ruhm. Denn sobald solche Leute ihrem Beruf mit Eifer hingegeben sind, liegt ihnen am Essen und Schlafen weit weniger als daran, daß sie's weiter bringen in dem, was ihres Amtes ist. Und du bist imstande, das für andere Tätigsein niedriger zu stellen und eines solchen Eifers nicht für wert zu halten?

2

Es ist wahrlich nicht so schwer, jeden beunruhigenden und unziemlichen Gedanken, der sich aufdrängt, wieder loszuwerden und hinwegzutilgen, so daß die vollkommene Stille und Heiterkeit des Gemüts gleich wiederhergestellt ist.

3

Erkenne, daß du jeder echt menschlichen Äußerung in Wort und Werk würdig bist, und laß dich von keinem Tadel oder Stichelrede, die andere dir nachsenden, beschwatzen. Was edel ist zu sagen und zu tun, dessen bist du niemals unwürdig. Jene haben ihre eigenen Grundsätze, denen sie folgen, und ihren eigenen Sinn. Darauf darfst du keine Rücksicht nehmen, sondern mußt den geraden Weg gehen, den deine und die allgemein menschliche Natur dir vorschreibt. Und es ist in der Tat nur ein Weg, den diese beiden dir weisen.

4

So laß uns durchs Leben gehen, bis wir verfallen und uns zur Ruhe begeben, den Geist dahin aushauchend, von wo wir ihn tagtäglich eingesogen, dahin zurücksinkend, woher der Keim zu unserm Dasein stammt, woher wir durch so viele Jahre Speise und Trank nahmen, was uns durchs Leben trug und wovon wir oft genug einen schlechten Gebrauch gemacht haben.

5

Dein Scharfsinn ist es nicht, weswegen man dich bewundern muß. Aber gesetzt auch, er könnte dir nicht abgesprochen werden, so wirst du doch gestehen müssen, daß vieles andere mehr in deiner Natur liegt. Und dies ist es nun, was du vor allem pflegen und kundgeben mußt, z.B. deine Lauterkeit und deinen Ernst, deine Standhaftigkeit und deine Abneigung gegen sinnlichen Genuß, deine Zufriedenheit mit deinem Schicksal, deine Mäßigkeit, Güte, Freisinnigkeit, Einfachheit, dein gesetztes würdevolles Wesen. Und fühlst du nicht, was du alles hättest sein können? was deine Natur und angeborenes Geschick so wohl zugelassen hätten, und bist es dennoch schuldig geblieben? Oder war es die Mangelhaftigkeit deiner Naturanlage, was dich zwang, mürrisch zu sein und knickerig und ein Schmeichler, ein Feind oder Sklave deines eigenen Leibes, ein eitler und ehrgeiziger Mensch? Wahrlich, nein. Du könntest längst von diesen Fehlern frei sein. Ist es aber wahr, daß du von

Natur etwas schwerfällig bist und langsam von Begriffen, so gilt es auch darin sich anzustrengen und zu üben, nicht, diese Schwäche unberücksichtigt zu lassen oder gar sich darin zu gefallen.

6

Es gibt Menschen, die, wenn sie jemand einen Gefallen getan haben, dies gleich als eine Gunstbezeigung angesehen wissen wollen; ferner solche, die, wenn sie auch nicht gerade solche Ansprüche erheben, doch sehr genau wissen wollen, was sie getan haben, und den, dem sie wohlgetan, bei sich selbst wenigstens als ihren Schuldner betrachten; endlich solche, die gewissermaßen nicht wissen, was sie taten – dem Weinstock gleich, der seine Trauben trägt und nichts weiter will, nachdem er die ihm eigentümliche Frucht einmal hervorgebracht hat. Das Pferd, das seinen Weg gelaufen ist, der Hund, der das Wild erjagt, und die Biene, die ihren Honig bereitet hat, erhebt kein Geschrei, ruft niemand zu: seht, das hab' ich getan, sondern geht gleich zu etwas anderem über, wie der Baum wieder neue Früchte ansetzt zu seiner Zeit. Und so soll's auch beim Menschen sein, wenn er ein gutes Werk vollbracht hat. – Also wirklich, zu denen soll man gehören, die, was sie tun, gleichsam auf unbegreifliche Weise tun? Ja; aber daß wir zu ihnen gehören, soll man begreifen! Du sagst: Ein Wesen, das zur Gemeinschaft geboren ist, müsse doch wissen, wenn es seiner Bestimmung gemäß, d.i. wenn es für andere handelt, und wahrlich doch auch wollen, daß dies der andere merke.

Wohl wahr, aber du machst davon nicht die richtige Anwendung, und darum bist du nun einmal einer von denen, die ich eben beschrieben habe, denn auch bei jenen ist es der Schein von Wahrheit, der sie irreleitet. Jedenfalls aber würdest du mich mißverstehen, wenn du aus irgendeinem Grunde es unterlassen wolltest, etwas zum Wohle anderer zu tun.

7

Die Athener beteten: »Regne, regne, lieber Zeus, auf die Äcker und Wiesen der Athener!« Und man bete entweder gar nicht oder nur in dieser Weise, einfältig und ohne Kunst.

8

Gerade, wie man sagt, daß der Arzt dem einen das Reiten, dem andern kalte Bäder, dem dritten barfuß zu gehen verordnete, ebenso muß man auch sagen, daß die Natur bald Krankheit, bald Verletzung, bald schmerzliche Verluste zu verordnen pflegt. Dort wendet man den Ausdruck an, um zu bezeichnen, daß er den Menschen jene Mittel als der Gesundheit entsprechend gegeben habe, und hier gilt es ja auch, daß alles das, was einem widerfährt, ihm als dem allgemeinen Schicksal entsprechend gegeben wird. Ebenso brauchen wir von unsern Schicksalen den Ausdruck »sich fügen«, wie ihn die Baumeister brauchen von den Quadern, die bei Mauer- oder Pyramidenbauten sich schönstens zusammenordnen. Denn durch alles geht eine große Harmonie. Und wie im Reiche der Natur die Natur eines Einzelwesens nicht begriffen werden kann außer im Zusammenhange aller andern Einzelwesen, so auch auf dem Gebiete des Geschehens kein einzelner Umstand und Grund abgesehen von allen übrigen: was denn auch der Sinn jener vulgären Ausdrucksweise ist, wenn man sagt: es »trug sich zu«, oder, es war ihm »beschieden«. Lasset uns also dergleichen hinnehmen, gleichwie jene nahmen, was Äskulap ihnen verordnet; denn auch davon war manches bitter und wurde süß nur durch die Hoffnung auf Genesung. Dieselbe Bedeutung aber, welche für dich deine Gesundheit hat, muß auch die Erfüllung und Vollendung dessen für dich haben, was im Sinne des Universums liegt, und du mußt alles, was geschieht, und wäre es auch noch so wenig freundlich, willkommen heißen, weil sein Ziel ja nichts anderes ist als die Gesundheit der Welt, das Glück und Wohlbefinden des höchsten Gottes. Hätte es sich doch gar nicht zugetragen, wenn es nicht für das Ganze zuträglich gewesen wäre; hätte es doch kein Zufall so gefügt, fügte es sich nicht harmonisch in die Verwaltung aller Dinge. Also zwei Gründe sind, weshalb dir dein Schicksal gefallen muß. Der eine: weil es dein Schicksal ist, weil es dir verordnet wird mit Rücksicht auf dich – von oben her in ursächlicher Verkettung mit dem ersten Grunde. Der andere: weil es der Grund des vollkommenen Glückes, ja fürwahr auch des Bestehens dessen ist, der alles regiert. Denn es ist eine Verletzung des Ganzen in seiner Vollständigkeit, wenn du den geringsten seiner Bestandteile – und seine Bestandteile sind immer auch zugleich Ursachen – aus seiner Verbindung und seinem Zusammenhange reißest. Und – soweit das in deiner Hand steht, reißest du wirklich los und trennst das Zusammengehörige, sobald du murrst über dein Schicksal.

9

Du darfst nicht unwillig werden, den Mut nicht sinken lassen oder gar verzweifeln, wenn es dir nicht vollständig gelingt, immer nach richtigen Grundsätzen zu handeln. Bist du von deiner Höhe heruntergefallen, erhebe dich wieder, sei zufrieden, wenn nur wenigstens das meiste an dir nach echter Menschenart ist, und laß dich beglücken von dem, was dir von neuem gelang. Meine nicht, daß die Philosophie ein Zuchtmeister sei. Greife zu ihr nur so wie die Augenkranken zum Schwamm oder zum Ei, wie andere zum Pflaster oder zum Guß. Denn nichts wird dich zwingen, der Vernunft zu gehorchen. Man muß sich ihr vielmehr vertrauensvoll hingeben. Du weißt, die Philosophie will nichts anderes, als was deine Natur auch will. Du aber hast etwas anderes gewollt, etwas ihr Widerstreitendes, weil es dir angenehmer schien. Die Lust macht uns solche Vorspiegelungen. Aber besinne dich, ob Hochherzigkeit, Freiheit des Geistes, Einfalt, Gleichmut, Sittenreinheit nicht doch das Angenehmere sind. Oder was ist angenehmer als Weisheit, wenn man darunter das nie Anstoßende, glatt Hinfließende der geistigen Kraft versteht?

10

Das Wesen und die Bedeutung der Verhältnisse dieses Lebens sind im allgemeinen in ein solches Dunkel gehüllt, daß sie nicht wenig Philosophen und nicht bloß den gewöhnlichen als völlig unbegreiflich erscheinen. Auch die Stoiker bekennen, daß sie sie kaum verstehen. Dann sind auch unsere Ansichten so höchst veränderlich. Es gibt ja keinen Menschen, der sich in seinen Ansichten gleich bliebe. Ferner was nun die »Güter« dieses Lebens anlangt, wie vergänglich und nichtig sind sie! Können sie doch das Eigentum jedes Nichtswürdigen werden! Aber nicht minder elend steht es mit dem Geist der Zeit. Selbst die beste seiner Äußerungen, welche Mühe hat man, sie zu ertragen, ja es kostet nicht wenig, sich selber zu ertragen. Bei solcher Taubheit und Verkommenheit der Zustände, bei diesem ewigen Wechsel des Wesens und der Form, bei dieser Unberechenbarkeit der Richtung, die die Dinge nehmen – was da der Liebe und des Strebens noch wert sein soll, vermag ich nicht zu sehen. Im Gegenteil, es ist der einzige Trost, daß man der allgemeinen Auflösung entgegengeht. – Drum trage geduldig die Zeit, die noch dazwischen liegt, und beherzige nur das, daß nichts dir widerfahren kann, was nicht in der Natur des Ganzen begründet liegt, und dann: daß du die Freiheit hast, alles zu unterlassen, was wider die Stimme deines Genius ist. Denn die zu überhören kann dich niemand zwingen.

11

Wozu gebrauchst du jetzt deine Seele? So muß man sich bei jeder Gelegenheit fragen. Oder, was geht jetzt vor in dem Teile deines Wesens, den man den vornehmsten nennt? Oder was für eine Seele hast du jetzt, die eines Kindes oder eines Jünglings, eines Weibes, eines Tyrannen, eines zahmen oder eines wilden Tieres?

12

Wie es im Grunde damit steht, was bei der Menge als das Gute gilt, kann man auch daraus erkennen, daß jenes Wort eines alten Komikers: »Denn für den Edlen ziemt sich solches nicht« auf alle diese Scheingüter, wie Reichtum, Luxus, Ehre, anwendbar ist (wiewohl die Leute das allerdings nicht gelten lassen wollen), während es auf wahre Güter, wie Klugheit, Mäßigkeit, Gerechtigkeit, Tapferkeit, angewendet, vollkommen widersinnig wäre.

13

Woraus wir bestehen, ist Form und Inhalt. Keins von beiden aber wird ins Nichts verschwinden, so wenig wie es aus dem Nichts hervorgegangen ist. Sondern jeder Teil unseres Wesens wird durch Verwandlung übergeführt in irgendeinen Teil des Weltganzen; dieser geht dann wieder in einen andern über und so ins Unendliche. Durch diesen Verwandlungsprozeß erhalte ich mein Dasein, durch ihn erhielten es auch die, die mich erzeugten, und so wieder rückwärts ins Unendliche. Denn »ins Unendliche« darf man wirklich sagen, wenn auch der Weltlauf seine fest begrenzten Zeiträume hat.

14

Die Vernunft und die Lebenskunst sind Kräfte, die sich selbst genügen und die keinen andern Richter über ihre Äußerungen haben als sich selbst. Sie haben ihr Prinzip und ihre Ziele in sich, und richtig heißen ihre Handlungen, weil durch sie der rechte Weg offenbar wird.

15

Nichts ist Sache des Menschen, was ihn als Menschen nichts angeht, was von der menschlichen Natur weder gefordert noch verheißen wird und was zu ihrer Vollendung nichts beiträgt – was also auch kein Ziel menschlichen Strebens sein oder ein Gut d. i. ein Mittel, zu diesem Ziele zu gelangen, genannt werden kann. Wäre dies nicht, so hätten wir unrecht, es als eine Pflicht des Menschen anzusehen, dergleichen Dinge zu verachten und sich ihnen zu widersetzen, und dürften den nicht loben, der ihrer nicht bedarf. Auch könnte, wenn dies Güter wären, der nicht gut sein, der freiwillig dem Genusse solcher Dinge entsagt. Nun aber sind wir in der Tat um so viel besser, je mehr wir solcher Dinge uns enthalten und je leichter wir ihren Mangel ertragen.

16

Wie die Gedanken sind, die du am häufigsten denkst, ganz so ist auch deine Gesinnung. Denn von den Gedanken wird die Seele gesättigt. Sättige sie also mit solchen wie die: daß man, wo man auch leben muß, glücklich sein könne; daß alles um irgendeiner Sache willen gemacht sei, und wozu es gemacht sei, dahin werde es auch getragen, und wohin es getragen werde, da liege auch der Zweck seines Daseins, wo aber dieser, da sei auch das ihm Zuträgliche und Heilsame. Das den vernünftigen Wesen Heilsame aber ist die Gemeinschaft. Denn zur Gemeinschaft sind wir geboren. Oder liegt es nicht auf der Hand, daß das Geringere um des Besseren willen, die besseren Dinge aber füreinander da sind? Besser aber als das Unbeseelte ist das Beseelte, und besser als dieses das Vernünftige.

17

Nach dem Unmöglichen streben ist wahnsinnig; unmöglich aber ist es, daß der gemeine Mensch anders als gemein handelt.

18

Nichts geschieht uns, was zu ertragen uns nicht natürlich wäre. Bei manchen Schicksalen sind wir freilich nur aus Stumpfsinn oder aus Prahlerei standhaft und unverwundbar. Und das ist eben das Traurige, daß Gefühllosigkeit und Gefallsucht stärker sein sollen als Einsicht!

19

Die Umstände sind es nun einmal durchaus nicht, wodurch die Seele berührt wird; sie haben keinen Zugang zu ihr und können sie weder umstimmen noch irgend bewegen. Die Seele stimmt und bewegt sich einzig selber, und je nach dem Urteil und der Auffassung, zu der sie's bringen kann, gestaltet sie die Dinge, die vor ihr liegen.

20

Das Gesetz, das uns vorschreibt, den Menschen wohl zu tun und sie zu ertragen, macht sie uns zu den befreundetsten Wesen. Insofern sie uns aber hinderlich werden können, das uns Gebührende zu tun, ist mir der Mensch etwas ebenso Gleichgültiges wie die Sonne, der Wind, das Tier. Nur daß sich ihrem verderblichen Einflusse ja eben entgegentreten läßt. Man entziehe sich ihnen oder suche sie umzuwandeln, so geschieht unserm Streben und unserer Neigung kein Eintrag. Auf diese Weise verwandelt und bildet die Seele ein Hindernis unseres Willens um in sein Gegenteil: Was unser Werk aufhalten sollte, gestaltet sich selbst zum guten Werke, und ein Weg eröffnet sich eben da, wo uns der Weg versperrt ward.

21

Dem, was das Beste in der Welt ist, dem Wesen nämlich, das alles hat und alles verwaltet, gebührt unsere Ehrfurcht. Nicht minder aber auch dem, was das Beste in uns ist. Es ist jenem verwandt, da ja auch in uns etwas ist, was alles andere hat und wovon dein ganzes Leben regiert wird.

22

Was dem Staate nicht schadet, schadet auch dem Bürger nicht. Diese Regel halte fest, sooft du dir einbildest, daß dir ein Schaden geschieht. Ist's keiner für die Gemeinschaft, der du angehörst, dann auch keiner für dich. Und wenn's für jene keiner ist – kannst du dem Menschen zürnen, der nichts getan hat, was dem Ganzen schadet?

23

Denke recht oft daran, wie alles, was ist und was geschieht, so schnell wieder hinweggeführt wird und entschlüpft. Die ganze Materie ist ein ewig bewegter Strom, alles Gewirkte und alles Wirkende ein tausendfacher Wechsel, eine Kette ewiger Verwandlungen. Nichts steht fest. Vorwärts und rückwärts eine Unendlichkeit, in der alles verschwindet. Wie töricht also jeder, der mit irgend etwas groß tut, oder von irgendeiner Sache sich hin- und herreißen läßt oder darüber jammert, als ob der Kummer nicht nur kurze Zeit währte.

24

Denke, welch ein winziges Stück des ganzen Weltwesens du bist, wie klein und verschwindend der Punkt in der ganzen Ewigkeit, auf den du gestellt bist, und dein Schicksal – welch ein Bruchteil des gesamten!

25

Hat mich jemand beleidigt – mag er selbst zusehen. Es ist seine Neigung, seine Art zu handeln, der er folgte. Ich habe die meinige, so wie die Natur des Alls sie mir gegeben, und ich handle so, wie meine Natur will, daß ich handeln soll.

26

Der die Herrschaft führende Teil deines Wesens bleibe stets ungerührt von den leisen oder heftigen Regungen in deinem Fleisch. Er mische sich nicht hinein, beschränke sich auf sein Gebiet und umgrenze jene Reize in den Gliedern. Steigen sie aber auf einem anderen Wege der Mitleidenschaft zur Seele auf, die ja doch immer mit dem Leibe in Verbindung bleibt, dann ist die Empfindung eine naturgemäße, und man darf ihr nicht entgegen sein, nur daß die Vernunft nicht komme und ihr Urteil hinzufüge, ob hier etwas gut oder böse sei.

27

Lebe mit den Göttern! d.h. zeige ihnen, daß deine Seele zufrieden sei mit dem, was sie dir beschieden, daß sie tut, was der Genius will, den uns der höchste Gott als ein Stück seiner selbst zum Leiter und Führer gegeben hat. Dieser Genius aber ist der Geist, die Vernunft eines jeden.

28

Kannst du jemand zürnen, der ein körperliches Gebrechen hat? Er kann nichts dafür, wenn seine Nähe dir widerwärtig ist. Ebenso betrachte nun auch die sittlichen Mängel. Allein der Mensch, sagst du, hat seine Vernunft, und kann erkennen, was ihm fehlt. Sehr richtig. Folglich hast du deine Vernunft auch und kannst durch dein vernünftiges Verhalten deinen Nächsten zur Vernunft bringen, kannst dich ihm offenbaren, ihn erinnern, und so, wenn er dich hört, ihn heilen, ohne daß du nötig hättest zu zürnen oder zu seufzen oder hoffärtig zu sein.

29

Wie du beim Abschied vom Leben über das Leben denken wirst, so darfst du schon jetzt darüber denken und danach leben. Hindert man dich, dann scheide freiwillig, doch so, als erführst du dabei nichts Übles. »Ein Rauch ist alles; laßt mich gehen!« Warum scheint dir das so schwer? Solange mich jedoch nichts dergleichen wirklich zwingt, die Welt zu verlassen, will ich auch frei bleiben und mich von niemand hindern lassen zu tun, was ich will. Denn was ich will, ist entsprechend der Natur eines vernünftigen, für das Leben in der Gemeinschaft bestimmten Wesens.

30

Der Geist des Alls ist gesellig. Er hat die Wesen niederer Gattung um der höheren willen erzeugt und die der höheren zueinander gefügt. Man kann es deutlich sehen, wie all sein Tun im Unterordnen und im Beiordnen besteht, wie er einem jeglichen die Stellung gab, die seinem Wesen entspricht, und die Wesen der höchsten Ordnung durch gleichen Sinn einander einte.

31

Prüfe dich, wie du bis dahin dich verhalten hast gegen Götter, Eltern, Brüder, Weib, Kinder, Lehrer, Erzieher, Freunde, Genossen und Diener; ob du bis dahin keinem unter ihnen auf ungebührliche Weise begegnet bist mit Wort und Werk. Erinnere dich, was du schon durchgemacht und was du imstande gewesen bist zu tragen. Wie leicht ist's möglich, daß die Geschichte deines Lebens bereits vollendet, dein Dienst vollbracht ist; und wieviel Schönes hast du schon gesehen, wie oft ist's dir vergönnt gewesen, Freud und Leid gering zu achten, deinen Ehrgeiz zu unterdrücken und gegen Unverständige verständig zu sein!

32

Warum betrüben rohe unerfahrene Gemüter die gebildeten und erfahrenen? Aber welche Seele nennst du gebildet und erfahren? Die, welche den Ursprung und das Ziel der Dinge und die Vernunft kennt, die das ganze Universum durchdringt und durch die ganze Ewigkeit in bestimmten Perioden alles verwaltet.

33

Wie lange noch, und du bist Staub und Asche! und nur der Name lebt noch, ja nicht einmal der Name; denn was ist er? – ein bloßer Schall und Nachklang. Und was im Leben am meisten geschätzt wird, ist nichtig, faul, von größerer Bedeutung nicht, als wenn sich ein paar Hunde herumbeißen oder ein paar Kinder sich zanken, jetzt lachend und dann wieder weinend. Glaube aber und Ehrfurcht, Gerechtigkeit und Wahrheit – »zum Olymp, der weitstraßigen Erde entflohen!« Was also hält dich hier noch fest? Alles sinnlich Wahrnehmbare ist unbeständig und fort und fort der Verwandlung unterworfen, die Sinne selbst sind trüb und leicht zu täuschen, und was man Seele nennt, ein Aufdampfen des Bluts. Ein Berühmtsein in solcher Welt, wie eitel! So bleibt nur übrig, geduldig zu warten, bis wir verlöschen und unsere Stelle wechseln, und bis das geschieht, die Götter zu ehren und zu preisen, den Menschen wohl zu tun, sie zu ertragen oder sich ihnen zu entziehen. Was aber außerhalb der Grenzen deines Körper- und Seelenwesens liegt, kann weder dein werden noch dich irgend angehen.

34

Stets kann es dir gut gehen, wenn du richtig wandelst, rechtschaffen denkst und tust. Denn von jedem denkenden Wesen, sei es Gott oder Mensch, gilt dieses Zwiefache: einmal, daß es in seinem Laufe von einem andern nicht aufgehalten werden kann, und zweitens, daß sein größtes Gut in der gerechten Sinnes- und Handlungsweise besteht und sein Streben darüber nicht hinausgeht.

35

Wenn dies oder jenes, das sich ereignet, nicht meine Schlechtigkeit noch die Folge meiner Schlechtigkeit ist, noch ein Schaden, der das Ganze trifft, was kann es mir verschlagen? Nur muß man darüber im klaren sein, in welchem Falle das Ganze betroffen wird.

36

Nie darfst du dich mit deinen Gedanken von den andern losmachen, sondern mußt ihnen helfen nach besten Kräften und in dem rechten Maße. Sind sie freilich nur in unwesentlichen Dingen heruntergekommen, so dürfen sie das nicht für einen wirklichen Schaden halten. Es ist nur eine schlimme Gewohnheit. Du für deine Person mache es also immer wie jener Greis, der beim Weggehen von einem spielenden Kinde sich dessen Kreisel geben ließ, obwohl er recht gut wußte, daß es nur ein Spielzeug war. Oder wolltest du, ständest du vor dem Richterstuhl und hörtest die Frage, ob du nicht wüßtest, was es mit diesen Dingen auf sich habe, antworten: »Ja, aber sie schienen doch dem und jenem so wünschenswert?« und dann den wohlverdienten Spruch empfangen: »Also, darum mußtest auch du ein Narr sein!« – So sei denn endlich einmal, und gerade wenn du recht verlassen bist, ein glücklicher Mensch, d.i. ein Mensch, der sich das Glück selbst zu bereiten weiß, d.i. die guten Regungen der Seele, die guten Vorsätze und die guten Handlungen.

SECHSTES BUCH

1

Der Stoff der Welt ist bildsam und gefügig, aber etwas Böses kann der ihn beherrschende Geist damit aus sich selbst heraus nicht vornehmen, weil Schlechtes in ihm gar keine Statt hat. Durch ihn kann nichts zu Schaden kommen, und es ist nichts, was sich nicht ihm gemäß gestaltete und vollendete.

2

Darauf darf dir nichts ankommen, ob du vor Kälte klappernd oder im Schweiß gebadet deine Pflicht tust; ob du dabei einschläfst oder des Schlafes überdrüssig wirst; ob du dadurch in schlechten oder in guten Ruf kommst; ob du darunter das Leben einbüßest oder sonst etwas leiden mußt. Denn auch das Sterben ist ja nur eine von den Aufgaben des Lebens. Genug, wenn du sie glücklich lösest, sobald sie dir vorliegt.

3

Sieh auf den Grund jeder Sache! Ihre Eigenschaften dürfen deinem Blick ebensowenig wie ihr Wert entgehen.

4

In der Sinnenwelt verwandelt sich alles sehr schnell und löst sich entweder auf, wenn die Körperwelt ein Ganzes bleibt, oder zerstreut sich in Atome.

5

Die alles beherrschende Vernunft weiß wohl, in welcher Stellung sie sich befindet und auf welche Art von Stoff sie wirkt.

6

Die beste Art, sich an jemand zu rächen, ist, es ihm nicht gleich zu tun.

7

Darin allein suche deine Freude und Erholung, mit dem Gedanken an Gott von einer Liebestat zur andern zu schreiten!

8

Das nenne ich die Seele oder das die Herrschaft Führende im Menschen, was ihn weckt und lenkt, was ihn zu dem macht, was er ist und sein will, und was bewirkt, daß alles, was ihm widerfährt, ihm so erscheine, wie er's haben will.

9

Jegliches Ding vollendet sich gemäß der Natur des Ganzen, nicht in Gemäßheit eines andern Wesens, das etwa die Dinge von außen umgebe oder eingeschlossen wäre in ihrem Innern oder gar völlig getrennt von ihnen.

10

Entweder es ist alles ein Gebräu des Zufalls, Verflechtung und Zerstreuung, oder es gibt eine Einheit, eine Ordnung, eine Vorsehung. Nehme ich das erstere an, wie kann ich wünschen, in diesem planlosen Gemisch, in dieser allgemeinen Verwirrung zu bleiben? was könnte mir dann lieber sein, als so bald wie möglich Erde zu werden? Denn die Auflösung wartete meiner, was ich auch anfinge. Ist aber das andere, so bin ich mit Ehrfurcht erfüllt und heiteren Sinnes und vertraue dem Herrscher des Alls.

11

Wenn in deiner Umgebung etwas geschieht, was dich aufbringen und empören will, so ziehe dich rasch in dich selbst zurück und gib den Eindrükken, die deine Haltung aufs Spiel setzen, dich nicht über Gebühr hin. Je öfter wir die harmonische Stimmung der Seele wiederzugewinnen wissen, desto fähiger werden wir, sie immer zu behaupten.

12

Wenn du eine Stiefmutter und eine rechte Mutter zugleich hättest, so würdest du zwar jene ehren, deine Zuflucht aber doch stets bei dieser suchen. Ebenso ist es bei mir mit dem Hofleben und der Philosophie. Hier der Ort, wo ich einkehre, hier meine Ruhestätte. Auch ist es die Philosophie, die mir jenes erträglich macht und die mich selbst erträglich macht an meinem Hofe.

13

Es ist gar nicht so unrecht, wenn man sich beim Essen und Trinken sagt: also dies ist der Leichnam eines Fisches, dies der Leichnam eines Vogels, eines Schweines usw., und beim Falernerwein: dies hier der ausgedrückte Saft einer Traube, oder beim Anblick eines Purpurkleides: Was du hier siehst, sind Tierhaare in Schneckenblut getaucht – denn solche Vorstellungen geben uns ein Bild der Sache, wie sie wirklich ist, und dringen in ihr inneres Wesen ein. – Man mache es nur überhaupt im Leben so, entkleide alles, was sich uns als des Strebens würdig aufdrängt, seiner Umhüllung, und sehe von dem äußeren Glanze ab, mit dem es wichtig tut. Der Schein ist ein gefährlicher Betrüger. Gerade wenn du glaubst mit ernsten und hohen Dingen beschäftigt zu sein, übt er am meisten seine täuschende Gewalt.

14

Die Menge legt den höchsten Wert auf den Besitz rein sinnlicher Dinge. Teils sind es Dinge von festem und natürlichem Zusammenhalt, wie Steine und Holzarten, z.B. Feigenbäume, Weinstöcke und Ölbäume. Höher hinauf fängt man an den Nutzen einzusehen, den uns die belebte Natur leistet, wie Herden von Groß- oder Kleinvieh, und noch eine Stufe höher die Brauchbarkeit der in unserm Dienst stehenden Einzelvernunft. Wer aber nichts Edleres und Höheres kennt als das allgemeine Vernunftwesen, dem ist jenes alles geringfügig und unbedeutend. Er hat kein anderes Interesse, als daß seine Vernunft der allgemeinen Menschenvernunft entspreche und so sich jederzeit bewege, und daß er andere seinesgleichen ebendahin bringe.

15

Hier ist etwas, das im Werden begriffen ist, dort etwas, das geworden sein möchte; und doch ist jedes Werdende zum Teil auch schon vergangen. Dieses Fließen und Wechseln erneuert die Welt fort und fort, wie der ununterbrochene Schritt der Zeit die Ewigkeit erneuert. Wolltest du nun auf etwas, das diesem Strome angehört, der nimmer stillsteht, einen besonderen Wert legen, so würdest du einem Menschen gleichen, der eben anfinge, einen vorüberfliegenden Sperling in sein Herz zu schließen, gerade wenn er seinen Blicken auch schon entschwunden ist. Ist doch das Leben selbst nichts anderes als das Verdunsten des Bluts und das Einatmen der Luft. Und so wie du, was du eingezogen hast, im nächstfolgenden Augenblick immer wieder hingibst, so wirst du auch dieses ganze Atmungsvermögen, das du gestern oder vorgestern empfingst, wieder hingeben.

16

Nicht das ist das Wichtige, daß wir ausatmen wie die Pflanzen, einatmen wie die Tiere, oder daß wir die Bilder der Dinge in unserer Vorstellung haben, daß wir durch Triebe in Bewegung gesetzt werden, daß wir uns zusammenscharen, oder daß wir uns nähren – denn dieselbe Bedeutung hat auch das Ausscheiden der überflüssigen Nahrung; auch nicht, daß wir beklatscht werden – und die Ehre ist größtenteils nichts anderes. Sondern daß man der uns eigentümlichen Bildung gemäß sich gehen lasse oder an sich halte, worauf ja jedes Studium und jede Kunst gerichtet ist. Denn jede Arbeit will nichts anderes als die Dinge ihrem Zweck gemäß gestalten, wie man am Weingärtner, am Pferdebändiger, am Lehrer und Pädagogen sehen kann. In dieser gestaltenden Tätigkeit liegt der ganze Wert unseres Daseins. Steht es damit gut bei dir, so brauchst du dir um andere Dinge keine Sorge zu machen. Hörst du aber nicht auf, auf eine Menge anderer Dinge Wert zu legen, so bist du auch noch kein freier, selbständiger, leidenschaftsloser Mensch, sondern stets in der Lage, neidisch und eifersüchtig und hinterlistig zu sein gegen die, die besitzen, was du so hochstellst, und argwöhnisch, daß es dir einer nehmen möchte, und in Verzweiflung, wenn es dir fehlt, und voll Tadel gegen die Götter. Ist es aber die Gesinnung allein, die deinen Wert und deine Würde in deinen Augen ausmacht, so wirst du dich selber achten, deinen Nebenmenschen gefallen und die Götter loben und preisen können.

17

Aufwärts und niederwärts – ein Kreislauf ist die Bewegung der Urstoffe. Auch die Tugend geht ihren Gang, doch er ist ganz anderer Art, mehr so wie der Lauf, den das Göttliche nimmt. Mag er auch schwer zu begreifen sein: Das sieht man, daß sie vorwärts schreitet.

18

Was tut man? Die Zeitgenossen mag man nicht rühmen, aber von den Nachkommen, die man nicht kennt noch jemals kennen wird, will man gerühmt werden. Ist das nicht gerade so, wie wenn's dich schmerzte, daß deine Vorfahren nichts von dir zu rühmen hatten?

19

Denke nicht, wenn dir etwas schwerfällt, es sei nicht menschen-möglich. Und was nur irgendeinem Menschen möglich und geziemend ist, davon sei überzeugt, daß es auch für dich erreichbar sein wird.

20

Wenn uns in der Fechtschule jemand geritzt oder beim Ringen einen Schlag versetzt hat, so tragen wir ihm das gewiß nicht nach, fühlen uns auch nicht beleidigt und denken nichts Übles von dem Menschen; wir nehmen uns wohl vor ihm in acht, aber nicht als vor einem Feinde, der uns verdächtig sein müßte, sondern nur so, daß wir ihm ruhig aus dem Wege gehen. Machten wir es doch im Leben auch so! Ließen wir doch da auch so manches unbeachtet, was uns von denen widerfährt, mit denen wir ringen. Es steht uns ja immer frei, den Leuten, wie ich's genannt habe, aus dem Wege zu gehen, ohne Argwohn und ohne Groll.

21

Wenn mich jemand überzeugen und mir beweisen kann, daß meine Ansicht oder meine Handlungsweise nicht die richtige sei, so will ich sie mit Freuden ändern. Denn ich suche die Wahrheit, sie, die niemand Schaden zufügt. Wohl aber nimmt derjenige Schaden, der auf seinem Irrtum und seiner Unwissenheit beharrt.

22

Ich suche das Meinige zu tun: Alles übrige, alles was leblos oder vernunftlos oder seines Weges unkundig und verirrt ist, geht mich nichts an und kann mich nicht irremachen.

23

Die unvernünftigen Tiere und alle vernunftlosen Dinge, die dir, dem Vernunftbegabten, zu Gebote stehen, magst du mit edlem, freiem Sinn gebrauchen. Die Menschen aber, die ebenso Vernunftbegabten, brauche so, daß du auf die Verbindung

Rücksicht nimmst, in der du von Natur mit ihnen stehst. Und bei allem, was du tust, rufe die Götter an, ohne dir Sorge zu machen um das »Wie lang?«, denn selbst drei Stunden Lebensfrist genügten!

24

Alexander der Große und sein Maultiertreiber sind beide an denselben Ort gegangen. Entweder wurden sie beide in dieselben Kräfte der zu immer neuen Schöpfungen bereiten Welt aufgenommen, oder sie lösten sich beide auf gleiche Weise in ihre Atome auf.

25

Bedenke, wie vielerlei in einem jeden unter uns in einem und demselben Augenblick zugleich vorgeht, sei's Leibliches, sei's Geistiges. So kannst du dich nicht wundern, wenn so viel mehr, wenn alles, was geschieht, in dem einen und allen, das wir Welt nennen, zugleich vorhanden ist.

26

Wenn jemand dich fragte, wie der Name Antonin geschrieben wird, würdest du da nicht jeden Buchstaben deutlich und mit gehaltener Stimme angeben? Warum machst du's nicht auch so, wenn jemand mit dir zankt? Warum zankst du wieder und bringst deine Worte nicht ruhig und gemessen vor? Auf die Gemessenheit kommt's an bei jeder

Pflichterfüllung. Bewahre sie dir, laß dich nicht aufbringen, leide den, der dich nicht leiden kann, und gehe ruhig deines Weges.

27

Welch ein Mangel an Bildung, wenn du den Menschen verbieten willst, nach dem zu streben, was ihnen gut und nützlich scheint! Und doch tust du's gewissermaßen immer, wenn du darüber Klage führst, daß sie unrecht handeln. Denn auch dabei sind sie doch stets um das bemüht, was ihnen gut und nützlich ist. Du sagst, es sei nicht so, es sei nicht das wahrhaft Nützliche. Darum belehre sie und zeige es ihnen, ohne darüber zu klagen.

28

Der Tod ist das Ausruhen von den Widersprüchen der sinnlichen Wahrnehmungen, von den Regungen unserer Leidenschaften, von den Entwicklungen unseres Geistes und von dem Dienst des Fleisches.

29

Schändlich ist es, wenn die Seele in deinem Leben eher den Dienst versagt, als der Leib ermüdet ist.

30

Nimm dich in acht, ein Tyrann zu werden, es liegt etwas Ansteckendes in dieser Hofluft. Bewahre deine Einfalt, Tugend, Reinheit, Würde, deine Natürlichkeit, Gottesfurcht, deine Gerechtigkeitsliebe, deine Liebe und Güte und deinen Eifer in Erfüllung der Pflicht. Ringe danach, daß du bleibst, wie dich die Philosophie haben will. Ehre die Götter und sorge für das Heil der Menschen! Das Leben ist kurz. Daß es dir eine Frucht nicht schuldig bleibe: die heilige Gesinnung, aus der die Werke für das Wohl der andern fließen! Drum sei in allen Stücken ein Schüler deines Vorgängers Antonin! so beharrlich und fest wie er im Gehorsam gegen die Gebote der Vernunft, so gleichmütig in allen Dingen, so ehrwürdig und heiter und warm, auch im Äußeren, so freundlich, so fern von jeder Ruhmbegier und doch so eifrig, alles zu begreifen und in sich zu verarbeiten! Unterließ er doch nichts, wovon er sich nicht zuvor gründlich überzeugt hätte, daß es untunlich sei; ertrug er doch geduldig alle, die in ungerechter Weise tadelten, ohne sie wieder zu tadeln. Nichts betrieb er auf eilfertige Manier, und niemals fanden Verleumdungen bei ihm Gehör. Wie selbständig war sein Urteil über die Sitten und Handlungen seiner Umgebung! Darum war er auch gänzlich fern von Schmähsucht oder von Ängstlichkeit, von Mißtrauen oder von der Sucht, andere zu meistern. Wie wenig Bedürfnisse er hatte, konnte man sehen an seiner Art zu wohnen, zu schlafen, sich zu kleiden, zu speisen und sich bedienen zu lassen. Und wie geduldig war er und langmütig! Seine freundschaftlichen Verbindungen hielt er fest; er konnte die gut leiden, die seinen Ansichten offen widersprachen, und sich freuen über jeden, der ihm das Bessere zeigte. Dabei hat er die Götter geehrt, ohne in Aberglauben zu verfallen. Und so nimm ihn dir zum steten Vorbild, damit du so wie er dem Tode mit gutem Gewissen entgegengehen kannst.

31

Besinne dich, komm wieder zu dir. Wie du beim Aufwachen gesehen, daß es Träume waren, was dich beunruhigt hat: Siehe auch das, was dir im Wachen begegnet, nicht anders an!

32

Für den Leib des Menschen ist alles gleichgültig, d.h. eine unterschiedslose Masse, denn er hat die Fähigkeit nicht zu unterscheiden. Aber auch für die Seele ist alles gleich, was nicht ihre eigene Tätigkeit betrifft. Alles aber, was eine Wirkung der Seele ist, hängt auch lediglich von ihr ab, vorausgesetzt, daß sie sich auf etwas Gegenwärtiges bezieht. Denn was sie zu tun haben wird oder getan hat, ist auch kein Gegenstand für sie.

33

Keine Arbeit für meine Hände oder meine Füße ist widernatürlich, solange sie nur in den Bereich dessen fällt, was Hände und Füße zu tun haben. Ebenso gibt es für den Menschen als solchen keine Anstrengung, die man unnatürlich nennen könnte, sobald der Mensch dabei tut, was menschlich ist. Ist sie aber nichts Unnatürliches, dann ist sie gewiß auch nichts Übles.

34

Was sind's für Freuden, die der Ehebrecher, Räuber, Mörder, der Tyrann empfindet?

35

Siehst du nicht, wie der gewöhnliche Künstler sich zwar nach dem Geschmack des Publikums zu richten weiß, aber doch an den Vorschriften seiner Kunst festhält und ihren Regeln zu genügen strebt? Und ist es nicht schlimm, wenn Leute wie der Architekt, der Arzt das Gesetz ihrer Kunst besser im Auge behalten als der Mensch das Gesetz seines Lebens, das er gemein hat mit den Göttern?!

36

Was ist Asien und Europa? ein paar kleine Stückchen der Welt. Was ist das ganze Meer? ein Tropfen der Welt. Und der Athos? eine Weltscholle. Alles ist klein, veränderlich, verschwindend. Aber alles kommt und geht hervor oder folgt aus jenem allwaltenden Geiste. Und das Schädliche und Giftige ist nur ein Anhängsel des Wohltätigen und Schönen. Denke nicht, daß es mit dem, was du verehrst, nichts zu schaffen habe; sondern siehe bei allem nur immer auf die Quelle!

37

Wer sieht, was heute geschieht, hat alles gesehen, was von Ewigkeit war und in Ewigkeit sein wird. Denn es ist alles von derselben Art und Gestalt.

38

Alle Dinge stehen untereinander in Verbindung und sind insofern einander befreundet. Eines folgt dem andern und bildet mit ihm eine Reihe, durch die Gemeinschaft des Ortes oder des Wesens vermittelt.

39

Schmiege dich in die Verhältnisse, die dir gesetzt sind, und liebe die Menschen, mit denen du verbunden bist, liebe sie wahrhaft!

40

Jedes Werkzeug und Gefäß ist gut, wenn es imstande ist zu leisten, wozu es gemacht wurde, wenn auch der, der es verfertigte, längst fort ist. In der Natur aber tragen alle Dinge die sie bildende Kraft in sich und behalten sie, solange sie selber sind. Und um so ehrwürdiger erscheint diese Kraft, je mehr du ihrem Bildungstriebe folgst, d.h. je mehr sich alles in dir nach dem Geiste richtet. Denn im Universum richtet sich auch alles nach dem Geiste.

41

Solange du etwas, was keine Sache des Vorsatzes und des freien Willens ist, für gut oder böse hältst, so lange kannst du auch nicht umhin, wenn dich ein Unfall betrifft oder das Glück ausbleibt, die Götter zu tadeln oder die Menschen zu hassen als die Urheber deines Unglücks, die – vermutlich wenigstens – schuld sind, daß du leidest. Und so verführt uns dieser Standpunkt zu mancher Ungerechtigkeit. Wenden wir dagegen die Begriffe Gut und Böse nur bei den Dingen an, die in unserer Macht stehen, so fällt jeder Grund weg, Gott anzuklagen und uns feindlich zu stellen gegen irgendeinen Menschen.

42

Wir alle arbeiten an der Vollendung eines Werkes, die einen mit Bewußtsein und Verstand, die anderen unbewußt. Sogar die Schlafenden nennt, wenn ich nicht irre, Heraklit Arbeiter, Mitarbeiter an dem, was in der Welt geschieht. Aber jeder auf andere Art. Luxusarbeit ist die Arbeit des Tadlers, dessen, der den Ereignissen entgegenzutreten wagt und das Geschehene ungeschehen machen will. Denn auch solche Leute braucht das Weltganze. Und du mußt wissen, zu welchen du gehörst. Er, der alles Verwaltende, wird sich deiner schon auf angemessene Weise bedienen und dich schon aufnehmen in die Zahl der Mitarbeiter und Gehilfen. Du aber sorge dafür, daß du nicht bist wie jener schlechte Vers im Gedicht, dessen Chrysipp gedenkt!

43

Will denn die Sonne leisten, was der Regen leistet? Will Äskulap als Fruchtspender etwas hervorbringen? Will auch nur einer von den Sternen ganz dasselbe, was der andere will? Und doch fördern alle dasselbe Werk.

44

Wenn die Götter überhaupt über mich und über das, was geschehen soll, ratschlagen, dann ist ihr Rat auch ein guter. Denn einmal, einen ratlosen Gott kann man sich nicht leicht vorstellen. Und dann, aus welchem Grunde sollten sie mir weh tun wollen? Was könnte dabei für sie oder für das Ganze, dem sie besonders vorstehen, herauskommen? Betreffen ihre Beratungen aber nicht meine besonderen Angelegenheiten, so doch gewiß die allgemeinen der Welt, aus denen dann auch die meinigen sich ergeben, und die ich willkommen heißen und lieben muß. Kümmern sie sich aber um gar nichts, was wir jedoch nicht glauben dürfen – und was würde dann aus unsern Opfern, unsern Gebeten, unsern Eidschwüren und aus alledem, was wir lediglich in der Voraussetzung zu tun pflegen, daß die Götter da sind und daß sie mit uns leben? – aber gesetzt, sie kümmerten sich nicht um meine Angelegenheiten, so liegt es doch mir selbst ob, mich darum zu kümmern. Denn dazu habe ich meine Vernunft, daß ich weiß, was mir dienlich ist.

45

Was überall und jedem geschieht, ist dem Ganzen zuträglich. Schon dies wäre hinreichend. Doch bei genauer Beobachtung wirst du überall auch das noch finden: Was dem einen widerfährt, ist auch dem andern zuträglich. Hier ist nämlich das Wort »zuträglich« allgemein zu verstehen, auch von den gleichgültigsten Dingen.

46

Was du im Theater und an ähnlichen Orten empfindest, wo sich deinem Auge ein und dasselbe Schauspiel immer wieder darbietet bis zum Ekel, das hast du im Leben eigentlich fortwährend zu leiden. Denn alles, was geschieht, von welcher Seite es auch kommen mag, ist doch immer dasselbe. Wie lange wird's nur noch dauern?

47

Stelle dir beständig die Gestorbenen jeden Standes, jeder Berufsart und jeden Stammes vor, steige in dieser Reihe bis zu einem Philistion, einem Phöbus und Origanion hinunter! Dann gehe zu den anderen Klassen über! Auch wir müssen ja unsere Wohnung dorthin verlegen, wo so viele gewaltige Redner, so viele ehrwürdige Philosophen, wie Heraklit, Pythagoras und Sokrates, ferner so viele Helden der Vorzeit, so viele Heerführer und Gewaltherrscher späterer Tage und außer diesen Eudoxus, Hipparch, Archimedes und andere scharfsinnige, hochherzige, arbeitslustige, gewandte, selbstgefällige Geister, ja selbst jene spöttischen Verächter des hinfälligen, kurzdauernden Menschenlebens, wie ein Menippus und so viele andere seiner Art verweilen. Von diesen allen stelle dir vor, daß sie längst beigesetzt sind. Was liegt nun für sie Furchtbares darin? Was denn für jene, deren Namen überhaupt nicht mehr genannt werden? Da ist eines nur von hohem Wert, nämlich Wahrheit und Gerechtigkeit getreu durchs ganze Leben zu üben, auch im Kampf gegen Lügner und Ungerechte.

48

Willst du dir eine Freude bereiten, so richte deinen Blick auf die trefflichen Eigenschaften deiner Zeitgenossen und siehe, wie der eine ein so hohes Maß von Tatkraft, der andere von Bescheidenheit besitzt, wie freigebig der dritte ist, usf. Denn nichts ist so erquicklich als das Bild von Tugenden, die sich in den Sitten der mit uns Lebenden offenbaren und reichlich unserm Blick sich darbieten. Darum halte es dir nun auch beständig vor Augen!

49

Ärgert's dich, daß du nur so viel Pfund wiegst und nicht mehr? So sei auch nicht ärgerlich darüber, daß dir nicht länger zu leben bestimmt ist. Denn wie jeder zufrieden ist mit seinem Körpergewicht, so sollten wir alle auch zufrieden sein mit der uns zugemessenen Lebensdauer.

50

Komm, wir wollen versuchen sie zu überreden! Handle aber auch gegen ihren Willen, wenn es Gerechtigkeit und Vernunft gebieten. Hindern sie uns mit Gewalt, so benutzen wir dieses Hemmnis zur Übung in einer andern Tugend, im Gleichmut und in der Seelenruhe. Denn alles, was wir erstreben, erstreben wir ja nur unter gewissen Voraussetzungen. Halten diese nicht Stich – wer wird das Unmögliche wollen? Nur daß unser Streben ein edles war! Denn ein solches trägt seinen Lohn in sich selbst – wie alles, was wir tun, wenn wir unserer innersten Natur gehorchen.

51

Der Ehrgeizige setzt sein Glück in die Tätigkeit eines andern, der Vergnügungssüchtige in die eigene Leidenschaft, der Vernünftige in seine Handlungsweise.

52

Du hast es gar nicht nötig, dir über irgendeine Sache Gedanken zu machen und deine Seele zu beschweren. Denn eine absolute Notwendigkeit zum Urteil liegt niemals in den Dingen.

53

Gewöhne dich, wenn du jemand sprechen hörst, so genau als möglich hinzuhören und dich in seine Seele zu versetzen.

54

Was dem Schwarm nicht zuträglich ist, taugt auch nichts für die einzelne Biene.

55

Dem Gelbsüchtigen schmeckt der Honig bitter; der von einem tollen Hunde Gebissene scheut das Wasser; das Kind kennt nichts Schöneres als seinen Ball. Wie kannst du zürnen? Verlangst du, daß der Irrtum weniger Einfluß haben soll als eine kranke Galle, als ein dem Körper eingeflößtes Gift?

56

Niemand kann dich hindern, dem Gesetze deiner eigensten Natur zu folgen. Was du im Widerspruch mit der allgemeinen Menschennatur tust, wird dir nicht gelingen. –

57

Wollten die Schiffsleute den Steuermann, die Kranken den Arzt schmähen, würden sie dann sonst noch auf jemand achten? Aber wie sollte jener der Mannschaft eine glückliche Landung oder dieser den Leidenden Genesung verschaffen?

58

Wie viele von denen, mit denen ich zusammen die Welt betreten habe, sind schon wieder daraus geschieden!

59

Wer sind die, denen man gefallen möchte, und um welcher Vorteile willen und durch welcherlei Mittel? Wie schnell wird die Zeit alles verschlingen und wie vieles hat sie schon verschlungen!

SIEBENTES BUCH

1

Was ist Schlechtigkeit? Nichts anderes als was du schon oft gesehen hast. Und so halte bei jedem Zufall den Gedanken bereit: »Es ist nur etwas, das du schon oft gesehen hast.« Dann wirst du erkennen, daß alles, wovon die Geschichte alter, mittlerer und neuer Zeit handelt und womit sich der Staat wie die Familie jetzt beschäftigt, in jeder Beziehung das nämliche sei. Nichts Neues, alles gewöhnlich und von kurzer Dauer.

2

Deine Lebensgrundsätze werden stets ihre Gültigkeit für dich behalten, solange dir die ihnen entsprechenden Grundbegriffe nicht abhanden gekommen sind. Das aber kannst du verhindern, indem du dieselben immer wieder zu neuem Leben in dir anfachst und über das, was notwendig ist, nicht aufhörst nachzudenken –: wobei dich nichts zu stören vermag, weil alles, was zu deinem Gedankenleben von außen hinzutritt, als solches keinen Einfluß auf dasselbe hat. Halte dich also nur so, daß es dir äußerlich bleibt! Hast du aber deine Lebenshaltung einmal eingebüßt: Du kannst sie wiedergewinnen. Sieh die Dinge wieder geradeso an, wie du sie angesehen hattest! Darin besteht alles Wiederaufleben.

3

Das Leben ist freilich weiter nichts als ein eitles Jagen nach Pomp, als ein Bühnenspiel, wo Züge von Last- und anderem Vieh erscheinen, oder ein Lanzenrennen, ein Herumbeißen junger Hunde um den hingeworfenen Knochen, ein Geschnappe der Fische nach dem Bissen, die Mühen und Strapazen der Ameisen, das Hin- und Herlaufen unruhig gemachter Fliegen, oder ein Guckkasten, wo ein Bild nach dem andern abschnurrt: Aber mitten in diesem Getreibe festzustehen mit ruhigem und freundlichem Sinn, das eben ist unsere Aufgabe.

4

Bei einer Rede gilt es achtzuhaben auf die Worte, bei einer Handlung auf den erstrebten Erfolg. Dort ist die Frage nach der Bedeutung jedes Ausdrucks, hier handelt sich's um den Zweck, der verfolgt wird.

5

Die Frage ist, ob meine Einsicht ausreicht, was ich mir vorgenommen, auszuführen oder nicht. Genügt sie, so brauche ich sie als ein Werkzeug, das die Natur mir an die Hand gegeben. Reicht sie nicht aus, dann überlasse ich entweder das Werk dem, der besser imstande ist, es zu vollbringen, wofern dies nicht für mich geradezu unziemlich ist, oder ich handle so gut ich kann mit Zuziehung dessen, den zur Vollendung eines gemeinnützigen Werkes eben meine Einsicht als Ergänzung bedarf.

Denn alles, was ich tue, mag ich es nun durch meine eigene Kraft oder mit Hilfe eines andern zustande bringen – dem Wohl des Ganzen muß es immer dienen.

6

Wieviel Hochgepriesene sind bereits der Vergessenheit überantwortet, und wie viele, die ihnen Loblieder sangen, sind schon hinweggeräumt!

7

Du hast dich nicht zu schämen, wenn du Hilfe brauchst. Tu nur dein Mögliches! wie bei der Erstürmung einer Mauer jeder Soldat eben auch nur sein Möglichstes tun muß! Denn wenn du gelähmt auch die Brustwehr allein nicht erklimmen kannst, bist du es mit Hilfe eines andern wohl imstand.

8

Laß dich das Zukünftige nicht anfechten! Du wirst, wenn's nötig ist, schon hinkommen, getragen von derselben Geisteskraft, die dich das Gegenwärtige beherrschen läßt.

9

Alles ist wie durch ein heiliges Band miteinander verflochten. Nahezu nichts ist sich fremd. Eines schließt sich dem anderen an und schmückt mit ihm vereint dieselbe Welt. Aus allem, was ist, bildet sich doch nur die eine Welt; in allem, was ist, lebt nur der eine Gott. Es ist nur ein Stoff und ein Gesetz, in den vernunftbegabten Wesen die eine Vernunft. Nur eine Wahrheit gibt's, und für die Wesen derselben Gattung auch nur eine Vollkommenheit.

10

Alles Stoffliche verschwindet gar bald im Urstoff des Ganzen, und jede wirkende Kraft wird gar bald in die Vernunft des Ganzen aufgenommen. Aber ebenso schnell findet die Erinnerung an alles ihr Grab im ewigen Zeitlauf.

11

Für die vernünftigen Wesen ist eine naturgemäße Handlungsweise auch immer zugleich eine vernunftgemäße.

12

Von selbst stehe aufrecht – nicht aufrecht gehalten!

13

Was in dem einzelnen Organismus die Glieder des Leibes, das sind in dem Gesamtorganismus die einzelnen, vernunftbegabten Wesen. Auch sie sind zum Zusammenwirken geschaffen. Sagst du dir nur recht oft: Du seist ein Glied in dem großen System der Geister, so kann ein solcher Gedanke nicht anders, als dich aufs tiefste berühren. Siehst du dich aber nur als einen Teil dieses Ganzen an, so liebst du die Menschen auch noch nicht von Herzen, so macht dir das Gutestun noch nicht an sich selbst Freude, so übst du es nur als eine Pflicht, so ist es noch keine Wohltat für dich selber.

14

Mag den Teilen, die durch den Stoß berührt werden können, von außen her zustoßen, was da will, dann mögen sich die beschädigten Teile, wenn sie wollen, beschweren. Ich habe jedoch, solange ich ein Ereignis nicht für ein Übel halte, noch nicht dabei gelitten. Es aber nicht dafür zu halten, steht mir ja ganz frei.

15

Der Smaragd spricht: Was auch einer tun oder sagen mag, ich muß Smaragd sein und meine Farbe bewahren. So spreche auch ich: Mag einer tun und sagen, was er will, ich muß die Tugend bewahren.

16

Die Seele beunruhige und erschrecke sich nicht. Kann's ein anderer, mag er's tun. Sie selbst für sich sei solchen Regungen unzugänglich. Daß aber der Leib nichts leide, dafür mag er, wenn er kann, selbst sorgen, und wenn er leidet, mag er's sagen. Doch die Seele, der eigentliche Sitz der Furcht und jeder schmerzlichen Empfindung, kann nicht leiden, wenn du ihr nicht die Meinung, daß sie leide, erst beibringst. Denn an und für sich, und wenn sie sich nicht selbst die Bedürfnisse schafft, ist die Seele bedürfnislos und deshalb auch, wenn sie sich nicht selbst beunruhigt, unerschütterlich.

17

Glücklich sein heißt einen guten Charakter haben. Was machst du also hier, Einbildung? Geh um der Götter willen, wie du kamst, denn ich brauche dich nicht! Du bist gekommen nach deiner alten Gewohnheit. Ich zürne dir nicht, nur geh fort!

18

Wäre es möglich, daß dir der Wechsel, dem alles unterworfen ist, Furcht einjage? Was könnte denn geschehen, wenn sich die Dinge nicht veränderten? Was gibt es Angemesseneres für die Natur als diese Veränderung? Könntest du dich denn nähren, wenn die Speisen sich nicht verwandelten? Überhaupt hängt von dieser Eigenschaft der Nutzen jedes Dinges ab. Und siehst du nun nicht, daß die Veränderung, der du unterworfen bist, von derselben Art und ebenso notwendig ist für das Ganze?

19

Alle Körper nehmen durch das Weltall, wie durch einen reißenden Strom, ihren Lauf und sind, wie die Glieder unseres Leibes untereinander, so mit jenem Ganzen innig verbunden und wirken mit ihm. Wie manchen Chrysipp, wie manchen Sokrates, wie manchen Epiktet hat schon die Welle verschlungen! Diesen Gedanken hege beim Anblick jedes Menschen und jedes Gegenstands.

20

Das eine liegt mir am Herzen, daß ich nichts tue, was dem Willen der menschlichen Natur zuwider ist, oder was sie in dieser Art oder was sie gerade jetzt nicht will.

21

Bald wird alles bei dir und bald wirst auch du bei allen vergessen sein.

22

Es ist ein dem Menschen eigentümlicher Vorzug, daß er auch die liebt, die ihm weh getan haben. Und es gelingt ihm, wenn er bedenkt, daß Menschen Brüder sind, daß sie aus Unverstand und unfreiwillig fehlen, daß beide, der Beleidigte und der Beleidiger, nach kurzer Zeit den Toten angehören werden, und vor allem: daß eigentlich niemand ihm schaden, d.h. sein Inneres schlechter machen kann, als es vorher gewesen.

23

Wie man aus Wachs etwas formt, so formt die Allnatur aus den Urstoffen die verschiedenen Wesen; jetzt das Roß, dann, wenn dieses zerschmolz, den Baum, bald den Menschen, bald etwas anderes, und ein jegliches nur zu kurzem Bestand. Aber wie es dem Kistchen gleichgültig war, daß man's gezimmert, so auch, daß man es nun wieder auseinandernimmt.

24

Ein zorniges Gesicht ist widernatürlich. Wenn die Sanftmut im Innern erstirbt, erlischt auch die äußere Zier, daß sie nicht überall wieder angefacht werden kann. Schon daraus geht hervor, daß jeder grollende Blick vernunftwidrig ist. Wem das Gewissen ausgegangen, der hat keine Ursache zu leben.

25

In kurzem wird die allwaltende Natur alles, was du siehst, verwandeln und aus demselben Stoff andere Dinge bereiten und aus deren Stoff wieder andere Dinge, damit sich die Welt immer verjüngt.

26

Sobald dir jemand weh getan hat, mußt du sogleich untersuchen, welche Ansicht über Gut und Böse ihn dazu vermochte. Denn sowie dir dies klar geworden, wirst du Mitleid fühlen mit ihm und dich weder wundern noch erzürnen. Entweder nämlich findest du, daß du über das Gute gar keine wesentlich andere Ansicht hast als er; und dann mußt du ihm verzeihen. Oder du siehst den Unterschied; dann aber ist's ja nicht so schwer, freundlich zu bleiben dem, der – sich geirrt hat. –

27

Denke nicht so oft an das, was dir fehlt, als an das, was du hast. Und wenn dir bewußt wird, was von diesem das Allerbeste sei, mußt du dir klarmachen, wie du's gewinnen könntest, im Fall du es nicht besäßest. Je zufriedener dich aber sein Besitz macht, um so mehr mußt du dich hüten, ihn mit einem solchen Wohlgefallen zu betrachten, daß dich sein Verlust beunruhigen könnte.

28

Ziehe dich in dich selbst zurück! Die uns beherrschende Vernunft ist ja so beschaffen, daß sie am Rechttun und an der daraus hervorgehenden Ruhe Genügen findet.

29

Mache den Einbildungen ein Ende! Hemme den Zug der Leidenschaften! Behalte die Gegenwart in deiner Gewalt! Mache dich mit dem vertraut, was dir oder einem anderen begegnet. Trenne und zerlege alles in seine Urkraft und seinen Stoff. Gedenke der letzten Stunde! Fehler, die andere begehen, laß ruhen, wo sie begangen sind.

30

Richte deine ganze Aufmerksamkeit auf das, wovon gesprochen wird, versenke deinen Geist in die Betrachtung der Begebenheiten und ihrer Ursachen.

31

Dein Schmuck sei Einfalt, Bescheidenheit und Gleichgültigkeit gegen alles, was zwischen Tugend und Laster in der Mitte liegt. Liebe das Menschengeschlecht, folge der Gottheit! Alles, sagt jemand, geschieht nach bestimmten Gesetzen, ob Götter sind oder ob aus Atomen alles entsteht, gleichviel. Genug eben, daß alles gesetzmäßig ist.

32

Vom Tod: Der Tod ist Zerstreuung oder Auflösung in Atome oder Vernichtung, ein Auslöschen oder ein Versetzen.

33

Vom Schmerz: Ist er unerträglich, führt er auch den Tod herbei; ist er anhaltend, so läßt er sich auch ertragen. Wenn nur die Seele dabei an sich hält, bewahrt sie auch ihre Ruhe und leidet keinen Schaden. Die vom Schmerz getroffenen Glieder mögen dann, wenn sie können, sich selbst darüber aussprechen.

34

Vom Ruhm: Betrachte die Gesinnungen der Ruhmsüchtigen, von welcher Art sie sind und was sie einerseits meiden und andererseits suchen! Bedenke ferner: Wie bei den übereinandergewirbelten Sandhügeln die früher hergewehten von den später aufgehäuften bedeckt werden, so wird auch im Leben das Frühere vom Späteren bedeckt.

35

Plato fragt: »Wem hoher Sinn und Einsicht in die Zeiten und in das Wesen der Dinge verliehen ward – glaubst du, daß der das menschliche Leben für etwas Großes halten kann?« und er antwortet: »Unmöglich kann ich's.« Nun, und ebenso unmöglich ist's, daß ich den Tod für etwas Furchtbares halte.

36

Ein Ausspruch des Antisthenes: »Königlich ist's, wohlzutun und Schmähungen ruhig über sich ergehen zu lassen.«

37

Schändlich ist's, wenn die Seele nur Macht hat über unsere Mienen, nicht über sich selbst, wenn sie nur jene, nicht aber sich selber umzugestalten vermag.

38

Wie kann dich denn bald dies, bald jenes ärgern, das dich doch nichts angeht?

39

Freude den ewigen Göttern! doch uns auch Freude verleihe!

40

Die Früchte sind zum Pflücken, so das Leben auch! Hier keimt das Leben, dort der Tod.

41

Wenn ich samt Kind von den Göttern einmal verlassen bin, Grund ist auch dafür. –

42

Was recht und gut, trag' ich mit mir herum.

43

Mit andern weinen oder jubeln, nicht geziemt's.

44

Blicke oft zu den Sternen empor – als wandeltest du mit ihnen. Solche Gedanken reinigen die Seele von dem Schmutz des Erdenlebens.

45

Platonische Aussprüche: »Diesem würde ich mit Recht antworten: Du urteilst unrichtig, o Mensch, wenn du meinst, daß ein Mann, der auch nur einigen Wert hat, die bedenkliche Wahl zwischen Leben und Sterben ins Auge fassen und nicht vielmehr nur das erwägen soll, ob, was er tue, recht oder unrecht und die Tat eines Guten oder Schlechten sei.«

46

»So verhält es sich in der Tat, ihr Männer von Athen. Den Posten, auf den einer, in der Meinung, daß es der beste sei, sich selbst gestellt hat oder auf den er von seinem Feldherrn gestellt worden ist, muß er – dünkt mich – auch in Gefahr behaupten und dabei weder Tod noch irgend etwas anderes mehr in Betracht ziehen als die Schande.«

47

»Sieh gut zu, mein Freund, ob das Edle und Gute nicht in etwas anderem bestehe als in Erhaltung eines fremden oder des eigenen Lebens! Denn wer wirklich ein Mann ist, soll nicht wünschen, so oder so lange zu leben, noch mit feiger Liebe am Leben hängen, sondern die Bestimmung hierüber Gott überlassen und glauben, was selbst die Weiber wissen, daß auch nicht einer seinem Schicksal entrinne, er denke nur daran, wie er die ihm noch beschiedene Lebenszeit so gut als möglich verbringe.«

48

Schön ist, was Plato gesagt hat, daß, wer vom Menschen reden wolle, das Irdische gleichsam von einem höheren Standpunkt aus betrachten müsse. So die Versammlungen, Kriegszüge, Feldarbeiten, Ehen, Friedensschlüsse, Geburten, Todesfälle, lärmenden Gerichtsverhandlungen, verödeten Ländereien, die mancherlei fremden Völkerschaften, ihre Feste, Totenklagen, Jahrmärkte, diesen Mischmasch aus den fremdartigsten Bestandteilen.

49

Betrachte die Vergangenheit, den steten Wechsel der Herrschaft. Daraus kannst du auch die Zukunft vorhersehen, denn sie wird durchaus gleichartig sein und kann unmöglich von der Regel der Gegenwart abweichen. Daher ist es auch einerlei, ob du das menschliche Leben vierzig oder zehntausend Jahre hindurch erforschest. Was wirst du mehr sehen?

50

»Zur Erde muß, was von der Erde stammt;
Doch zu des Himmels Pforte drängt
Jegliche Art, die seiner Flur entsprossen –«

Was nichts anderes besagt, als daß sich die ineinander verschlungenen Atome trennen und die empfindungslosen Elemente sich zerstreuen.

51

»Durch Essen, Trinken und durch andres Gaukelwerk
Sind wir bemüht, den Tod uns fernzuhalten.
Doch müssen wir den Fahrwind, der von oben streicht,
Sei's auch zu unserm Leid, hinnehmen ohne Weh.«

52

Mag jemand immerhin kampfgeübter sein als du! Er sei nur nicht menschenfreundlicher, nicht anspruchsloser, nicht ergebener in das Schicksal, nicht nachsichtsvoller den Fehlern der Nebenmenschen gegenüber.

53

Bei einer Wirksamkeit, die sich nach göttlichem und menschlichem Gesetz vollzieht, ist niemals Gefahr. Nichts hast du zu befürchten, sobald deine Tätigkeit, ihr Ziel in aller Ruhe verfolgend, sich nur auf eine deiner Bildung angemessene Art entfaltet.

54

Immer steht es bei dir, das gegenwärtige Geschick zu segnen, mit denen, die dir grade nahe stehen, nach Recht und Billigkeit zu verfahren, und die Gedanken, die sich dir eben darbieten, ruhig durchzudenken, ohne dich an das Unbegreifliche zu kehren.

55

Sieh dich nicht nach den leitenden Grundsätzen anderer um, sondern halte den Blick auf das Ziel gerichtet, worauf dich die Natur hinweist, sowohl die Allnatur durch das Schicksal als deine eigene durch deine Pflichten. Jeder aber hat die Folgen seiner Natur zu tragen. Nun sind aber die übrigen Wesen wegen der Vernünftigen geschaffen, wie überhaupt alles weniger Edle für das Edlere. Die Vernunftwesen aber sind eines um des anderen willen da. Der erste Trieb des Menschen ist sein Trieb zur Geselligkeit, das zweite in ihm die Überlegenheit gegenüber sinnlichen Reizen. Denn vernünftiger und verständiger Tatkraft ist es eigen, sich selbst zu beschränken und weder den Anforderungen der Sinne noch der Triebe je zu unterliegen. Beide sind tierisch. Die Vernunft will aber den Vorrang haben und sich nicht von jenen meistern lassen, und das mit Recht. Denn sie ist von Natur dazu da, sich jener überall zu ihren Zwecken zu bedienen. Der dritte Vorzug in der Einrichtung eines vernünftigen Wesens besteht darin, nicht blindlings beizupflichten, noch sich täuschen zu lassen. Mit diesen Vorzügen ausgestattet, gehe die herrschende Vernunft vorwärts. Und sie hat, was ihr gebührt.

56

Lebe so, als solltest du jetzt scheiden und als wäre die dir noch vergönnte Zeit ein überflüssiges Geschenk.

57

Liebe das, was dir begegnet und zugemessen ist, denn was könntest du ziemlicher tun?

58

Bei allem, was dir widerfährt, stelle dir diejenigen vor Augen, denen dasselbe widerfahren ist und die sich dabei widerwillig, voll eitler Verwunderung oder höchst vorwurfsvoll bewiesen haben. Denn wolltest du diesen wohl gleichen? oder wolltest du nicht lieber solche ungehörige Eigenschaften anderen überlassen, selbst aber nur darauf achten, wie du deine Erfahrungen zu benutzen hast? Und du wirst sie aufs beste benutzen, sie werden dir einen herrlichen Stoff liefern, wenn du keine andere Absicht hast, als dich bei allem, was du tust, als edler Mensch zu zeigen, dessen eingedenk, daß alles andere gleichgültig für dich ist, nur nicht, wie du handelst!

59

Blicke in dein Inneres! Da drinnen ist eine Quelle des Guten, die nimmer aufhört zu sprudeln, wenn du nur nicht aufhörst nachzugraben.

60

Auch der Körper muß eine feste Haltung haben und weder in der Bewegung noch in der Ruhe diese Festigkeit verleugnen. Denn wie deine Seele auf deinem Gesicht zu lesen ist und eben darum deine Mienen zu beherrschen und zu formen weiß, so soll auch der ganze Körper ein Ausdruck der Seele sein. Aber wohlgemerkt! ohne gesuchte Pose!

61

Dieselbe Kunst, die in den Kampfspielen gilt, wo man gerüstet sein muß auch auf solche Streiche, die unvorhergesehen, plötzlich kommen, herrscht auch im Leben.

62

Kenntest du die Quellen, aus denen bei so vielen Urteile und Interessen fließen, du würdest nach der Menschen Lob und Zeugnis nicht begierig sein.

63

Keine Seele, heißt es irgendwo, kommt anders um die Wahrheit als wider ihren Willen. Nicht anders also auch um die Gerechtigkeit und Mäßigkeit und Güte, um alle diese Tugenden. – Je mehr man das beherzigt, desto milder wird man gegen alle.

64

Bei jeder Unlust sei dir der Gedanke zur Hand, daß sie nichts Entehrendes sei, noch die herrschende Denkkraft verschlimmere. Denn weder an und für sich als etwas Körperliches betrachtet, noch in ihrem Verhältnis zur Gesellschaft, kann diese von jener zerrüttet werden. Doch möge dir bei den meisten schmerzlichen Empfindungen der Ausspruch Epikurs dienlich sein, daß sie ebensowenig unerträglich als ewig dauernd sein, wofern du nur ihrer Grenzen eingedenk bist und nichts hinzudichtest. So manches ist dem Schmerz eng verwandt, was nur mehr auf verborgene Weise lästig wird, z.B. Schläfrigkeit, innere Glut, Appetitlosigkeit. Drum sage dir, wenn so etwas dich trifft, nur geradezu: Du erliegst ja dem Schmerz.

65

Hüte dich, selbst gegen Unmenschen so gesinnt zu sein, wie Menschen gegen Menschen gesinnt zu sein pflegen.

66

Woher wissen wir, ob nicht Telauges eine edlere Denkungsart hatte als Sokrates? Denn hier ist es nicht genug, daß Sokrates auf ruhmvollere Art starb, daß er in seinen Unterredungen mit den Sophisten größere Gewandtheit zeigte, daß er mit mehr Geduld die Nacht unter dem eiskalten Himmel zubrachte, daß er dem Befehle, den Salaminier herbeizuführen, sich, wie es schien, mit noch größerer Seelenstärke widersetzte, daß er, was man, selbst wenn es wahr wäre, allermeist bezweifeln möchte, auf den Straßen stolz einherschritt, sondern man muß vielmehr folgende Fragen in Erwägung ziehen: Wie war Sokrates' Seele beschaffen? Genügte ihm die Gerechtigkeit gegen Menschen und die Frömmigkeit gegen die Götter? Hat er sich nie ohne Grund über die Schlechtigkeit anderer geärgert, nie ihrer Unwissenheit nachgegeben? Hat er die vom Ganzen ihm zugeteilten Geschicke nie mit Befremden aufgenommen oder unter sie, als unter ein unerträgliches Joch, sich gebeugt? Nie seine Vernunft zur Genossin der Leiden des armseligen Fleisches gemacht?

67

Die Natur hat dich nicht so dem großen Teig einverleibt, daß du dich nicht eingrenzen und das deinige allein aus dir selbst heraus tun könntest. Du kannst fürwahr ein göttlicher Mensch sein, ohne von irgendeiner Seele gekannt zu werden. Und magst du daran verzweifeln, in der und jener Wissenschaft oder Kunst jemals dich auszuzeichnen: Ein freier, edler, hilfreicher, gottesfürchtiger Mensch kannst du immer werden.

68

Unverrückt kannst du dein Leben in höchster Geistesfreudigkeit hinbringen, wenn auch alle Menschen nach Herzenslust ein Geschrei wider dich erheben und wenn auch wilde Tiere die schwachen Glieder dieses um dich angesammelten Fleischgemenges zerreißen sollten. Denn was hindert dich, deiner denkenden Seele trotz alledem ihre Heiterkeit, ein richtiges Urteil über die Umstände und eine erfolgreiche Benutzung der ihr dargebotenen Gelegenheiten zu bewahren? Dann sagt das Urteil zum Ereignis: »Das bist du dem Wesen nach, auch wenn du der Meinung nach anders erscheinst!« und die Benutzung spricht zur Gelegenheit: »Dich suchte ich eben; denn immer bietet mir die Gegenwart Stoff zur Ausübung einer vernünftigen und staatsbürgerlichen Tugend und überhaupt einer Kunst, die eines Menschen oder Gottes würdig ist.« Steht ja doch jedes Begegnis im innigsten Bezuge zu Gott oder zum Menschen und ist mithin nichts Unerhörtes oder schwer zu Behandelndes, sondern vielmehr etwas Bekanntes und Leichtes.

69

Die sittliche Vollkommenheit bringt es mit sich, daß wir jeden Tag leben können, als wäre er der letzte, frei von Zorn, Schlaffheit und Verstellung.

70

Den unsterblichen Göttern ist es keine Last, die ganze Ewigkeit hindurch fortwährend eine solche Masse Nichtswürdiger zu dulden – vorausgesetzt, daß sie sich um sie kümmern. Und du – du wolltest ungeduldig werden? und bist vielleicht gar selbst einer von den Bösen?

71

Lächerlich ist es, der Schlechtigkeit anderer aus dem Wege gehen zu wollen, was unmöglich ist, aber der eigenen nicht, was doch möglich ist.

72

Was die vernünftige und zu staatsbürgerlicher Tugend berufene Tatkraft nicht vernünftig noch gemeinnützig findet, das hält sie mit gutem Grund unter der Würde.

73

Wenn du ein gutes Werk getan und dem anderen wirklich wohl getan hast, warum bist du dann gar so töricht, ein Drittes zu begehren, nämlich den Ruhm ob solcher Tat oder irgendeine Vergeltung?

74

Niemand wird es überdrüssig, sich Vorteile zu verschaffen. Vorteil verschaffen aber ist eine Tätigkeit, an die wir von Natur gewiesen sind. Darum werde nie müde, dir Vorteile zu verschaffen, indem du selber Vorteil schaffst.

75

Die Allnatur fühlte den Drang zur Weltschöpfung. Nun aber geschieht alles, was geschieht, nach dem Gesetz der notwendigen Folge, oder es ist auch das Wichtigste, dessen Verwirklichung die weltbeherrschende Vernunft eigens anstrebt, ohne Grund vorhanden. In vielen Fällen wird es deine Seelenruhe erhöhen, wenn du dessen eingedenk bist.

ACHTES BUCH

I

Mag es immerhin deinen Ehrgeiz herabdrücken, daß du nicht allezeit, daß du zumal in deiner Jugend nicht wie ein Philosoph gelebt hast, sondern vielen anderen und dir selbst auch als ein Mensch erschienen bist, der von der Philosophie weit entfernt ist, so daß es dir nicht leicht sein dürfte, dir noch das Ansehen eines Philosophen zu verschaffen. Ein solcher Strich durch deine Rechnung ist nur heilsam. Genügen muß es dir nun, von jetzt an so zu leben, wie es deine Natur vorschreibt. Achte also darauf, was sie will, und laß dich durch nichts davon abbringen. Du hast so manches versucht, dich hierhin und dorthin gewendet, aber nirgends dein Glück gefunden, nicht im Spekulieren, nicht im Reichtum, nicht in der Ehre, nicht in der Sinnenlust, nirgends. Wo ist es denn nun wirklich? Nur im Tun dessen, was die menschliche Natur begehrt. Und wie gelangt man dazu? Dadurch, daß man die Grundsätze festhält, aus denen ein solches Streben und Handeln mit Notwendigkeit hervorgeht, die Grundsätze, daß dem Menschen nichts gut sei, was ihn nicht gerecht, mäßig, standhaft und frei macht, und daß nichts böse sei, was nicht das Gegenteil von alledem hervorbringt.

2

Bei jeder Handlung frage dich: Wie steht es eigentlich damit? wird es dich auch nicht gereuen? Eine kurze Zeit nur noch, und du bist tot und alles hat aufgehört. Wenn aber das, was du vorhast, einem Wesen geziemt, das Vernunft hat, auf die Gemeinschaft angewiesen ist und nach denselben Gesetzen wie die Götter leben soll, was verlangst du mehr?

3

Was sind Alexander, Cajus und Pompejus gegen Diogenes, Heraklit und Sokrates? Denn diese hatten die Welt der Dinge erforscht und kannten den Grund und die Weise ihres Bestehens, und ihre Seelen blieben sich immer gleich. Bei jenen aber, welche Furcht vor den Dingen und welche Abhängigkeit von ihnen!

4

– Nur fein ruhig und gelassen: Sie werden dasselbe tun, auch wenn du dich zerrissest!

5

Zunächst laß dich nicht beunruhigen, alles geht seinen Gang, wie es der Natur gemäß ist. Noch eine kurze Frist, und du bist nirgends mehr, wie Hadrian und Augustus. Dann fasse deine Lebensaufgabe unverwandten Blicks ins Auge und denke daran, daß du ein guter Mensch sein sollst. Was die menschliche Natur von dir fordert, tue unbeirrt, sage nur, was dir durchaus gerecht erscheint, und dies auf wohlwollende, bescheidene und offenherzige Art.

6

Es ist Aufgabe der großen Natur, das Vorhandene von einer Stelle zur anderen zu versetzen, es umzumodeln, wegzuräumen und neu einzupflanzen. Alles ist Wechsel! Man darf also das Neue nicht bang erwarten. Alles ist Gewohnheit, aber auch alles gleichmäßig verteilt.

7

In der gesamten Natur liegt die Tendenz, sich wohlzuverhalten. Die Natur der vernunftbegabten Wesen ist aber nur dann in ihrem normalen Zustande, wenn sie, was das Gedankenleben betrifft, weder der Unwahrheit noch dem Unerkannten beifällt, wenn sie die Strebungen der Seele nur auf gemeinnützige Werke richtet, unseren Neigungen und Abneigungen nur solche Gegenstände gibt, die in unserer Macht stehen, und wenn sie alles billigt, was die gesamte Natur über uns verhängt. Denn sie ist ein Teil dieser Allnatur, wie die Natur des Blattes ein Teil der Baumnatur ist, nur daß diese als fühllose und vernunftlose in ihrem Bestehen gehemmt werden kann, während die menschliche Natur ein Teil der ungehinderten, vernünftigen und gerechten Natur ist, vor der die zu ihr gehörigen Einzelwesen untereinander gleich sind, indem sie jedem von Zeit und Stoff und Form und Fähigkeit so viel gibt, als seinem Wesen entspricht, eine Gleichheit, die wir freilich nicht sehen, wenn wir die Einzelwesen untereinander vergleichen, sondern nur, wenn wir deren Gesamtheit mit der der andern Ordnung zusammenhalten.

8

So manches geziemt sich nicht zu jeder Zeit. Wohl aber geziemt sich's immer, den Stolz zurückzudrängen, Freud und Leid geringzuachten, über ehrgeizige Gelüste erhaben zu sein, gefühllosen und undankbaren Menschen nicht zu zürnen, ja vielmehr sich ihrer anzunehmen.

9

Niemand höre hinfort von dir, daß du das Leben am Hofe überhaupt oder nur das deinige tadelst.

10

Die Reue ist eine Selbstanklage darüber, daß man sich einen Vorteil hat entgehen lassen. Das Gute aber ist notwendigerweise vorteilhaft und somit auch die Sorge des guten und edlen Menschen. Dagegen hat wohl noch nie der edle Mensch darüber Reue gefühlt, daß er sich ein Vergnügen hat entgehen lassen; woraus zu entnehmen ist, daß die Lust nichts Vorteilhaftes und nichts Gutes ist.

11

Was ist dieser Gegenstand hier seinem Wesen und seinen Eigenschaften nach? Was ist er nach seinem Stoff? Welche Kraft wirkt in ihm? Was tut er in der Welt, und wie lange ist seine Dauer?

12

Sooft du verdrossen vom Schlaf erwachst, bedenke, daß gemeinnützige Handlungen deinen Anlagen und deinem Charakter entsprechen, der Schlaf dir aber mit den vernunftlosen Tieren gemeinsam ist. Was nun der Natur eines jeden Wesens entspricht, ist demselben verwandter, angemessener, ja sogar angenehmer.

13

Ohne Unterlaß und womöglich bei jedem Gedanken wende die Lehren der Physik, der Ethik und der Dialektik an!

14

Sobald du weißt, was für Ansichten und Grundsätze einer hat über Gut und Böse, über Lust und Schmerz und über die Wirkungen beider, über Ehre und Schande, Leben und Sterben, kann dir nicht wunderbar und fremdartig vorkommen, was er tut; du weißt alsdann: Er ist gezwungen, so zu handeln. Und ferner, wenn sich doch kein Mensch darüber wundert, daß der Feigenbaum Feigen trägt, und der Arzt nicht, wenn jemand das Fieber hat, noch der Steuermann, wenn der Wind entgegensteht; warum also befremdlich finden, daß das Weltganze hervorbringt, was dem Keime nach in ihm liegt?

15

Seine Meinung zu ändern und dem, der sie berichtigt, Gehör zu schenken, ist nichts, was unsere Selbständigkeit aufhebt. Es ist ja doch auch dann dein Trieb und Urteil, dein Sinn, aus welchem deine Tätigkeit hervorgeht.

16

Lag's an dir, warum hast du's getan? War ein anderer schuld, wem willst du Vorwürfe machen? Den Atomen oder den Göttern? Beides ist Unsinn. Du hast niemand Vorwürfe zu machen. Suche den, der schuld war, eines Besseren zu belehren, oder wenn dies nicht möglich, bessere an der Sache selbst. Aber auch wenn dieses nicht angeht, wozu dienen die Vorwürfe? Man muß eben nichts ohne Überlegung tun.

17

Was stirbt, kommt darum noch nicht aus der Welt. Aber wenn es auch hier bleibt, verändert es sich doch und löst sich auf in seine Grundstoffe, in die Elemente der Welt und in deine. Und auch diese ändern sich – ohne Murren.

18

Jedes Wesen, z.B. ein Pferd, ein Weinstock, dient irgendeinem Zweck. Was Wunder? Auch die Sonne wird dir sagen: »Ich muß wirken« und ebenso die übrigen Gottheiten. Wozu gibt's dich? Etwa zu sinnlichen Freuden? Sieh doch einmal zu, ob vernünftiges Nachdenken das gestattet!

19

Es ist mit jedem Dinge, seinem Ende, Ursprunge und Bestehen nach nicht anders wie mit einem Ball, den jemand wirft. Ist's etwas Gutes, wenn er in die Höhe steigt, oder etwas Schlimmes, wenn er niederfährt und zur Erde fällt? Was ist's für eine Wohltat für die Wasserblase, wenn sie zusammenhält, und was für ein Leid, wenn sie zerplatzt? Und ebenso das Licht, wenn es brennt und wenn es verlischt?

20

Drehe einmal das Innere deines Körpers nach außen und sieh, welcher Art es ist, wenn Alter, Krankheit, Ausschweifung ihn aufreiben! Kurz dauert sowohl das Leben dessen, der lobt, als dessen, der gelobt wird, dessen, der eines anderen gedenkt und dessen gedacht wird. Überdies geschieht dies ja nur in einem kleinen Winkel der Erde, und selbst da stimmen nicht alle überein. Und die ganze Erde ist nur ein Punkt.

21

Was du tust, setze stets in Beziehung auf der Menschen Wohlfahrt; was dir widerfährt, nimm hin und beziehe es auf die Götter, als auf die Quelle aller Dinge, aus der jegliches Geschehen herausfließt.

22

Habe acht auf das, was dir gerade vorliegt, sei es eine Ansicht oder ein Geschehnis oder ein Ausdruck! Sonst geschieht dir ganz recht. Du willst lieber erst morgen gut werden, als es heute schon sein.

23

Was siehst du beim Baden? Öl, Schweiß, Schmutz, klebriges Wasser – lauter ekelerregende Dinge. Von ebender Art ist jeder einzelne Teil des Lebens und was darin vorkommt.

24

Lucilla sah den Verus sterben, nachher starb auch Lucilla, Secunda den Maximus und dann folgte ihm Secunda, Epitynchanus den Diotimus und bald folgte diesem Epitynchanus, Antoninus die Faustina und dann folgte ihr Antoninus nach, Celer den Hadrian und dann starb auch Celer. So ging's mit allen.

25

Jene scharfsinnigen Menschen, jene Zukunftsdeuter, jene Hohlköpfe – wo sind sie? Wo, z.B., die scharfsinnigen Männer wie Charax, Demetrius, die Platoniker, Eudämon und andere der Art? Alle vergänglich und längst schon tot. Von einigen hat sich nicht einmal auf kurze Zeit ein Andenken erhalten. Aus anderen wurden Helden der Fabel; andere wiederum verschwanden bereits aus dieser Reihe. Gedenke also dessen, daß auch dein Körperbau sich auflösen, sein Lebensgeist erlöschen oder auswandern oder sich versetzen lassen muß.

26

Die Freude der Menschen besteht darin, wahrhaft menschlich zu handeln. Wahrhaft menschlich ist aber das Wohlwollen gegen seinesgleichen, Verachtung der Sinnenreife, Unterscheidung bestechender Vorstellungen, Betrachtung der Allnatur und ihrer Wirkungen.

27

Für den Menschen sind dreierlei Beziehungen wichtig, erstens die zu seiner eigenen, ihn umgebenden Körperhülle, zweitens die zu seinem göttlichen Ursprung, der alles bewirkt, und drittens zu den Zeitgenossen.

28

Der Schmerz ist entweder für den Leib ein Übel – dann geht er nur diesen etwas an – oder eines für die Seele. Die Seele kann aber ihre Heiterkeit und Ruhe bewahren und den Schmerz deshalb für kein Übel nehmen. Denn Urteil, Trieb, Neigung und Abneigung haben sämtlich ihren Sitz im Innern. Und kein Übel kann da eindringen.

29

Unterdrücke deine Einbildungen und sage dir bei jeder Gelegenheit: Nun steht es doch bei mir allein, keine Bosheit, keine Begierde und überhaupt keine Leidenschaft in der Seele aufkommen zu lassen. Dagegen will ich alles nach seinem Wesen betrachten und seinem Wert entsprechend benutzen. Vergiß nicht diese dir von der Natur geschenkte Gabe!

30

Rede würdevoll im Senat wie im geselligen Verkehr, ohne affektiert zu werden. Rede mit gesunder Vernunft!

31

Der Hof des Augustus, seine Gemahlin, seine Tochter, seine Enkel, seine Stiefsöhne, seine Schwester, Agrippa, seine Verwandten, Hausgenossen und Freunde, Arius, Mäcenas, seine Leibärzte und Priester, kurz sein ganzer Hof – eine Beute des Todes! Von da geh weiter, nicht etwa zum Tod eines Einzelmenschen, sondern zum Aussterben ganzer Familien, wie der der Pompejer. Manches Grabmahl trägt die Aufschrift: »Der Letzte seines Stammes.« Und nun stelle dir vor, wie sehr sich die Vorfahren bemühten, einen Stammhalter zu hinterlassen, und doch mußte einer notwendig der letzte sein. Überdies denke an das Vergehen ganzer Geschlechter.

32

Wir müssen in unser Leben Ordnung und Planmäßigkeit bringen, und jede unserer Handlungen muß ihren bestimmten Zweck haben. Wenn sie den erreicht, ist es gut; und eigentlich kann sie niemand daran hindern. Äußere Hemmnisse können wenigstens nichts tun, um sie minder gerecht, besonnen, überlegt zu machen, und wenn sie sonst deiner Tätigkeit etwas in den Weg legen, bietet sich wohl gerade durch ein Hindernis, wenn man's nur gelassen aufnimmt und begierig acht hat auf das, was zu tun übrigbleibt, ein neuer Gegenstand der Tätigkeit, dessen Behandlung sich in die Lebensordnung fügen läßt, von der wir reden.

33

Sei bescheiden, wenn du empfangen, und frisch bei der Hand, wenn du etwas weggeben sollst!

34

Sollltest du einmal eine abgehauene Hand, einen Fuß, einen Kopf, getrennt vom übrigen Körper zu sehen bekommen: Siehe, das sind Sinnbilder solcher Menschen, die nicht zufrieden sein wollen mit ihrem Schicksal, oder deren Handlungsweise bloß ihrem eigenen Vorteil dient, ein Sinnbild auch deines Wesens, wie du manchmal bist. Doch sieh, es steht dir frei, dich wieder mit dem großen Ganzen zu vereinigen, von dem du dich geschieden hast. Anderen Gliedern des Weltalls verstattet die Gottheit nicht, nachdem sie sich abgelöst haben, wieder zusammenzukommen. Aber dem Menschen hat es ihre Güte gewährt. Sie legte es von Haus aus in des Menschen Hand, in dem Zusammenhang mit dem Ganzen zu verbleiben und, wenn er daraus geschieden war, zurückzukehren, aufs neue mit ihm zu verwachsen und den alten Platz wieder einzunehmen.

35

Wie die Natur jegliches Hindernis als solches zu beseitigen, in ihre Notwendigkeit hereinzuziehen und zu einem Bestandteil ihrer selbst zu machen weiß, so kann auch das vernunftbegabte Wesen jede Hemmung in seinen eigenen Stoff verwandeln und sie benutzen zur Verwirklichung seines Strebens, worauf dasselbe auch gerichtet sein möge.

36

Wenn du dein Leben im ganzen vor dir hättest, wenn du sähest, was dir alles bevorsteht, welche Entmutigung müßte dich ergreifen! Aber wenn du ruhig wartetest, bis es kommt, und bei jedem einzelnen, wenn es da ist, dich fragtest, was denn dabei eigentlich nicht zu ertragen sei – du müßtest dich deiner Verzagtheit schämen. Kümmern sollten wir uns immer nur um das Gegenwärtige, da uns nur dieses, nicht Zukünftiges und nicht Vergangenes, wirklich lästig fallen kann. Und unfehlbar wird diese Last gemindert, wenn wir das Gegenwärtige rein so nehmen, wie es ist, ihm nichts Fremdes hinzudichten und uns selber widerlegen, wenn wir meinen, auch dies nicht einmal ertragen zu können.

37

Sitzen etwa auch jetzt noch Panthea und Pergamus am Sarge des Verus? Oder Chaurias und Diotimus an Hadrians Grab? Das wäre lächerlich. Würden es aber jene fühlen, wenn sie daneben säßen und, wenn sie es fühlten, würden sie sich freuen, und wenn sie sich freuten, würden diese dadurch unsterblich sein? War es nicht auch ihre Bestimmung zuerst, alte Frauen und Männer zu werden und dann zu sterben? Und können denn die Klagenden dem Tod entrinnen? Der ganze Körper ist ein Schlauch voll Unrat und Moder.

38

Ist dir Scharfsinn eigen, verwende ihn zu klugem Urteil.

39

Unter den Anlagen vernunftbegabter Wesen finde ich keine, die der Gerechtigkeit gegenübersteht, wohl aber eine, die der Wollust das Gleichgewicht hält: die Enthaltsamkeit.

40

Könntest du deine Ansicht über das, was dich zu schmerzen scheint, ändern, so würdest du vollständig in Sicherheit sein. Wer ist das du, frage ich: die Vernunft. Aber ich bin nicht die Vernunft, entgegnest du. Mag sein, wenn sich die Vernunft nur eben nicht betrübt. Alles übrige, wenn es sich schlecht befindet, mag denken und fühlen, was es will.

41

Jede Hemmung des Empfindungslebens sowohl wie die eines Triebes ist für die tierische Natur ein Übel. Anders die Hemmungen und Übel im Pflanzenleben. Für die geistbegabten Wesen aber kann nur das ein Übel sein, was das Geistesleben stört. Hiervon mache die Anwendung auf dich selbst. Leid und Freude berühren nur die Sphäre des Empfindens. Eine Hemmung des Triebes kann allerdings auch schon für die vernünftige Kreatur ein Übel sein; allein nur dann, wenn es ein absoluter Trieb ist. Dann aber, wenn du so nur das Allgemeine ins Auge fassest, was sollte dir schaden und was dich hindern können? Denn in die dem Geiste eigentümliche Sphäre kann nichts anderes störend eingreifen, nicht Feuer, nicht Eisen, kein Despot, keine Lästerung, nichts, was nicht vom Geiste selber herrührt. Solange eine Kugel besteht, so lange bleibt sie eben – rund nach allen Seiten.

42

Habe ich noch niemals einen andern absichtlich betrübt, so ziemt es mir auch nicht, mich selber zu betrüben.

43

Mögen andere ihre Freude haben, woran sie wollen; meine Freude ist, wenn ich eine gesunde Seele habe, ein Herz, das keinem Menschen zürnt, nichts Menschliches sich fernhält, sondern alles mit freundlichem Blick ansieht und aufnimmt und jedem begegnet, wie's ihm gebührt.

44

Nütze die Gegenwart aus. Wer dem Nachruhm lieber nachgeht, bedenkt nicht, daß die kommenden Geschlechter ebenso beschaffen sein werden wie jene, unter denen er leidet. Auch sie sind ja sterblich. Überhaupt, was kümmert es dich, ob unter ihnen diese und jene Stimmen über dich laut werden oder ob sie diese und jene Meinung von dir haben?

45

Nimm mich und versetze mich, wohin du willst! Bringe ich doch überall den Genius mit, der mir günstig ist, den Geist, der seine Aufgabe darin erkennt, sich so zu verhalten und so zu wirken, wie es seine Bildung verlangt. Und welche äußere Lebensstellung wäre es wert, daß um ihretwillen meine Seele sich schlecht befinde und herabgedrückt oder gewaltsam erregt, gebunden oder bestürzt gemacht ihres Wertes verlustig ginge? Was kannst du finden, das solcher Opfer wert wäre?

46

Keinem kann etwas begegnen, das nicht Menschenschicksal wäre, so wenig als dem Stier etwas zustößt, das nicht der Stiernatur, oder dem Weinstock etwas, das nicht dem Wesen des Weinstocks, oder dem Stein etwas, das nicht der Natur des Steins angemessen wäre. Wenn nun jedem begegnet, was gewöhnlich oder natürlich ist, warum solltest du dich darüber ärgern? Denn die Natur durfte nichts Unerträgliches über dich verhängen.

47

Wenn in deiner Gemütsverfassung etwas ist, was dich bekümmert, wer hindert dich, den leitenden Gedanken, der die Störung verursacht, zu berichtigen? Ebenso, wenn es dir leid ist, das nicht getan zu haben, was dir als das einzig Richtige erscheint, warum tust du es nicht lieber noch, sondern gibst dich dem Schmerz darüber hin? Du vermagst es nicht, ein Hindernis, stärker als daß du's beseitigen könntest, hält dich ab? Nun, so wehre der Traurigkeit nur um so mehr: Der Grund, warum du's unterließest, liegt ja dann nicht in dir! Aber freilich, wenn man nicht so handeln kann, ist's nicht wert zu leben. Und darum scheide du aus dem Leben mit frohem Mut und – da du ja auch sterben müßtest, wenn du so gehandelt – freundlichen Sinnes gegen die, die dich gehindert!

48

Die Seele des Menschen ist unangreifbar, wenn sie in sich gesammelt daran sich genügen läßt, daß sie nichts tut, was sie nicht will, auch wenn sie sich einmal unvernünftigerweise widersetzen sollte, am meisten aber, wenn sie jederzeit mit Vernunft zu Werke geht. Darum, sage ich, ist die leidenschaftslose Seele eine wahre Burg und Festung. Denn der Mensch hat keine stärkere Schutzwehr. Hat er sich hier geborgen, kann ihn nichts gefangennehmen. Wer dies nicht einsieht, ist unverständig; wer es aber einsieht und dennoch seine Zuflucht dort nicht sucht, unglücklich.

49

Zu dem, was dich ein erster scharfer Blick gelehrt, füge weiter nichts hinzu. Du hast erfahren, der und jener rede schlecht von dir. Nun gut. Aber, daß du gekränkt seist, das hast du nicht gehört. Du siehst, dein Kind ist krank. Nun gut. Aber daß es in Gefahr schwebe, das siehst du nicht. Und so lasse es immer bei dem ersten bewenden, und füge nichts aus deinem Innern hinzu, so wird dir auch nichts geschehen. Hast du aber dennoch deine weiteren Gedanken dabei, so beweise dich hierin gerade als ein Mensch, der, was im Leben zu geschehen pflegt, durchschaut hat.

50

»Hier, diese Gurke ist bitter.« Lege sie weg! »Hier ist ein Dornstrauch.« Geh ihm aus dem Weg! Weiter ist darüber nichts zu sagen. Wolltest du fortfahren und fragen: Aber wozu in aller Welt ist solches Zeug? so würde dich der Naturforscher gründlich auslachen, ebenso wie dich der Tischler und der Schuster auslachen würde, wenn du's ihnen zum Vorwurf machtest, daß in ihren Werkstätten Späne und Überbleibsel aller Art herumliegen. Mit dem Unterschiede, daß diese Leute einen Ort haben, wohin sie diese Dinge werfen, die Natur aber hat nichts draußen. Sondern das Bewunderungswürdige ihrer Kunst besteht eben darin, daß sie, die sich lediglich selber begrenzt, alles, was in ihr zu verderben, alt und unnütz zu werden droht, so in sich hinein verwandelt, daß sie daraus wieder etwas anderes Neues macht, daß sie keines Stoffes außer sich selbst bedarf und das faul Gewordene nicht hinauswerfen muß. Sie hat an ihrem eigenen Raume, an ihrem eigenen Material und an ihrer eigenen Kunst völlig genug.

51

Sei in deinem Tun nicht fahrlässig, in deinen Reden nicht verworren, in deinen Gedanken nicht zerstreut; laß dein Gemüt nicht eng werden noch leidenschaftlich aufwallen, noch laß dich von Geschäften vollauf in Beschlag nehmen. Mögen sie dich ermorden, zerfleischen, verfluchen, was tut's? Deine denkende Seele kann dessenungeachtet rein, verständig, besonnen und gerecht bleiben. Hört denn die reine süße Quelle auf, rein und süß zu quellen, wenn einer, der dabeisteht, sie verwünscht? Und wenn er Schmutz und Schlamm hineinwürfe, würde sie's nicht sofort ausscheiden und hinwegspülen, um rein zu bleiben wie zuvor? Du auch bist im Besitz einer solchen ewig reinen Quelle, wenn du die Seele frei, liebevoll, einfältig, ehrfurchtsvoll dir zu bewahren weißt.

52

Wer nicht weiß, was die Welt ist, weiß nicht, wo er lebt. Aber nur, der da weiß, wozu er da ist, weiß, was die Welt ist. Wem aber eins von diesen Stücken fehlt, der kann auch wohl seine eigene Bestimmung nicht angeben. In welchem Lichte erscheint dir nun der Mensch, der um den lauten

Beifall jener buhlt, die nicht wissen, wo noch wer sie sind?

53

Soll dich ein Mensch loben, der sich in einer Stunde dreimal verflucht? Wie oft strebst du danach, einem Menschen zu gefallen, der sich selber nicht gefällt? Oder kann sich der gefallen, der fast alles, was er tut, bereut?

54

Hinfort verkehre du nicht bloß mit der dich umgebenden Luft, sondern ebenso auch mit dem alles umgebenden Geiste! Denn der Geist ergießt und verteilt sich nicht minder überall dahin, wo jemand ist, der ihn einzusaugen vermag, als die Luft dahin, wo man sie atmen kann.

55

Im allgemeinen schadet das Böse der Welt nicht, und im einzelnen Falle schadet es nur dem, dem es vergönnt ist, sich frei davon zu machen, sobald er nur will.

56

Nach meinem Dafürhalten ist die Ansicht, die mein Nächster hat, etwas ebenso Gleichgültiges für mich als sein ganzes geistiges und leibliches Wesen. Denn wenn es auch durchaus richtig ist, daß wir einer um des andern willen da sind, so ist doch jede unserer Seelen etwas Selbständiges für sich. Wäre dies nicht, so müßte ja auch die Schlechtigkeit meines Nebenmenschen mein Verderben sein, was doch der Gottheit nicht gefallen hat, so einzurichten, damit mein Unglück nicht von andern abhängig sei.

57

Die Sonnenstrahlen scheinen von der Sonne herzuströmen, und wiewohl sie sich überallhin ergießen, werden sie doch nicht ausgegossen. Denn dieses Fließen und Gießen ist nichts als Ausdehnung. Recht deutlich kann man sehen, was der Strahl sei, wenn die Sonne durch eine enge Öffnung in einen dunkeln Raum scheint. Ihr Strahl fällt in gerader Richtung und wird, nachdem er die Luft durchschnitten hat, an dem gegenüberstehenden Körper gleichsam gebrochen. Doch bleibt er an ihm haften und löscht nicht aus. Ebenso müssen nun die Ausstrahlungen der Seele sein, kein Ausgießen, sondern ein Sich-Ausdehnen, kein heftiges und stürmisches Aufprallen auf die sich entgegenstellenden Dinge, aber auch kein Herabgleiten von ihnen, sondern ein Beharren und Erleuchten alles dessen, was ihre Strömung begegnet, und so, als beraube jegliches Ding sich selbst ihres Glanzes, wenn es ihn nicht empfängt.

58

Wer sich vor dem Tode fürchtet, fürchtet sich entweder vor dem Erlöschen jeglicher Empfindung oder vor einem Wechsel des Empfindens. Aber wenn man gar nichts mehr fühlt, ist auch ein Schmerz nicht mehr möglich. Erhalten wir aber ein anderes Fühlen, so werden wir andere Wesen, hören also auch nicht auf zu leben.

59

Die Menschen sind füreinander geboren. So belehre oder dulde, die's nicht wissen.

60

Anders ist der Flug des Geschosses und anders der, den der Geist nimmt. Und doch bewegt sich der Geist, wenn er Bedacht nimmt, oder wenn er überlegt, nicht weniger in gerader Richtung und dem Ziel entgegen.

61

Suche einzudringen in jedes Menschen Inneres, aber verstatte es auch jedermann, in deine Seele einzudringen!

NEUNTES BUCH

1

Wer unrecht handelt, handelt gottlos. Denn die Natur hat die vernünftigen Wesen füreinander geschaffen, nicht daß sie einander schaden, sondern nach Würdigkeit einander nützen sollen. Wer ihr Gebot übertritt, frevelt demnach offenbar wider die älteste der Gottheiten. Auch der mit Lügen umgeht, ist gottlos. Denn die Natur ist das Reich des Seienden. Alles aber, was ist, stimmt als solches überein mit seinem Grunde. Und diese Übereinstimmung nennt man Wahrheit. Auf ihr beruht alles, was man wahr nennt im einzelnen Falle. Der Lügner also handelt gottlos, weil er andere betrügt und somit unrecht handelt, tut er's mit Absicht. Geschieht es unwillkürlich, weil er nicht mit der Natur im Einklang ist, handelt er gottlos, weil er die Ordnung stört, indem er ankämpft gegen das Ganze. Denn im Kampf ist jeder, der sich wider die Wahrheit bestimmt, weil er von Natur für sie bestimmt ward. Wer aber dies außer acht läßt, ist schon so weit, Wahrheit und Lüge nicht unterscheiden zu können. Endlich handelt auch der gottlos, der dem Vergnügen nachgeht als einem Gute und vor dem Schmerz als einem Übel flieht, da ein solcher notwendig oft in den Fall kommt, die Natur zu tadeln, als teile sie den Guten und den Schlechten ihre Gaben nicht nach Verdienst aus. Denn wie oft genießen böse Menschen Glück und Freude und haben, was ihnen Freude schaffen kann, während die Guten dem Leid anheimfallen und dem, was Leiden schafft. Ferner wird, wer sich vor dem Schmerze fürchtet, auch nicht ohne Furcht in die Zukunft blicken können, was schon gottlos ist, während der, der nach Lust strebt, sich kaum des Unrechts wird enthalten können, was offenbar gottlos ist. Und jedenfalls muß doch, wer in Übereinstimmung mit der Natur leben und ihr folgen will, gleichgültig gegen das sein, wogegen sich die Natur gleichgültig verhält, das aber tut sie gegen Lust und Schmerz, gegen Tod und Leben, Ehre und Schande. Wer also alles dies nicht gleichgültig ansieht, ist offenbar gottlos. Die gemeinsame Natur aber, sage ich, bedient sich derselben nach einerlei Regel (das heißt, sie begegnet nach dem Gesetz der Aufeinanderfolge den jetzigen wie den künftigen nach einerlei Regel) kraft eines uranfänglichen Zuges der Vorsehung, vermöge dessen sie von einem bestimmten Anfang her zur gegenwärtigen Welteinrichtung fortschritt, indem sie gewisse Grundstoffe des Werdenden zusammenfaßte und die erzeugenden Kräfte der Stoffe selbst, ihrer Verwandlungen und ihrer derartigen Aufeinanderfolge abgrenzte.

2

Besser wär's, wenn man die Welt verlassen könnte, ehe man all die Lüge und Heuchelei, den Prunk und Stolz geschmeckt. Hat man nun aber diese Dinge einmal schmecken müssen, so ist's doch wohl der günstigere Fall, dann bald die Seele auszuhauchen, als mitten in dem Elend sitzen zu bleiben? Oder hat dich die Erfahrung nicht gelehrt, die Pest zu fliehen? und welche Pest ist schlimmer, die Verdorbenheit der uns umgebenden Luft, die Pest, die nur das tierische Wesen als solches trifft, oder die Verderbnis der Seele, die eigentliche Menschenpest?

3

Denke nicht gering vom Sterben, sondern laß es dir wohlgefallen wie eines der Dinge, in denen sich der Wille der Natur ausspricht. Denn von derselben Art wie das Kindsein und das Altsein, das Wachsen und Mannbarwerden oder das Zahnen und Bärtigwerden und Graues-Haar-Bekommen oder das Zeugen und Gebären und alle diese Tätigkeiten der Natur, wie sie die verschiedenen Zeiten des Lebens mit sich bringen, ist auch das Sterben. Daher ist es die Sache eines verständigen Menschen, weder mit Gleichgültigkeit noch mit heftiger Gemütsbewegung noch in übermütiger Weise an den Tod zu denken, sondern auf ihn zu blicken eben wie auf eine jener Naturwirkungen. Und wie du des Augenblickes harrst, wo das Kindlein der Mutter Schoß verlassen haben wird, so erwarte auch die Stunde, da deine Seele dieser Hülle entweichen wird. – Eindringlich ist auch jene gewöhnliche Regel, die man gibt, um jemand zur Zufriedenheit mit dem Lose der Sterblichkeit zu stimmen: einmal, sieh dir die Dinge genau an, von denen du dich trennen mußt, und dann in ethischer Beziehung, welch ein Elend, womit du einst nicht mehr verflochten sein wirst! Zwar ist es keineswegs nötig, sich daran zu stoßen, Pflicht ist es vielmehr, es zu lindern oder ruhig zu ertragen, allein man darf doch daran denken, daß es nicht eine Trennung gilt von gleichgesinnten Menschen. Denn dies wäre das einzige, was uns rückwärts ziehen und an das Leben fesseln könnte, wenn es uns vergönnt wäre, mit Menschen zusammenzuleben, die von denselben Grundsätzen und Ideen beseelt sind wie wir. Nun aber weißt du ja, welches Leiden der Zwiespalt ist, der unter den Menschen herrscht, und kannst nicht anders als den Tod anflehen, daß er eilig kommen möge, damit du nicht auch noch mit dir selbst in Zwiespalt gerätst.

4

Wer unrecht handelt, schadet sich selbst.

5

Oft tut auch der unrecht, der nichts tut, nicht bloß, der etwas tut.

6

Wenn du gesundes Urteil hast und die Gewohnheit, für andere zu handeln, und ein Gemüt, das mit den äußeren Verhältnissen zufrieden ist, so hast du genug.

7

Unterdrücke die bloße Einbildung, trenne den Trieb, dämpfe die Begierde; erhalte dem herrschenden Teil deiner Seele die Herrschaft über sich selbst!

8

Wie es nur eine Erde gibt für alles Irdische, ein Licht für alles, was sehen, und eine Luft für alles, was atmen kann, so ist es auch nur ein Geist, der unter sämtliche Vernunftwesen verteilt ist.

9

Alle Dinge von derselben Art streben zueinander als zu dem Gleichartigen hin. Alles, was von Erde ist, gleitet zur Erde, alles Flüssige läuft zusammen, und so auch das Luftige, so daß es der Gewalt bedarf, um solche Dinge auseinanderzuhalten. Das Feuer hat zwar seinen Zug nach oben, vermöge des Elementarfeuers, aber auch da erfaßt es alles ihm Ähnliche und bringt die trockeneren Stoffe zum Brennen, eben weil diesen weniger von dem beigemischt ist, was ein Entflammen hindert. Ebenso nun und noch mehr strebt auch alles, was der vernünftigen Natur angehört, zueinander hin. Denn je edler es ist als das übrige, um so bereiter ist es auch, sich dem Verwandten zu einen und mit ihm zusammenzugehen. Schon auf der Stufe der vernunftlosen Wesen finden sich Scharen und Herden, findet sich das Auffüttern der Jungen, eine Art von Liebe. Denn schon hier ist Seele und jener Gemeinschaftstrieb in höherer Weise, als er in der Pflanzenwelt und im Gestein sich findet. Bei den Vernunftbegabten nun kommt es zu Staaten, Freundschaften, Familien, Genossenschaften, und in den Kriegen selbst zu Bündnissen und Waffenstillständen. Und wenn wir zu den noch höheren Wesen fortschreiten, mögen sie auch um Unendlichkeiten auseinander sein: Auch da ist Einheit, wie bei den Sternen; so daß, je höher wir kommen, desto entschiedener die Sympathie sich auch auf die Entferntesten erstreckt. Aber was geschieht? Die vernünftigen Wesen allein sind es, die dieses Zueinanderstrebens, dieses Zusammenhaltens nicht eingedenk bleiben, und hier allein vermag man jenes Zusammenfließen nicht wahrzunehmen! Und dennoch –: mögen sie sich immerhin fliehen, sie umschließen sich doch. Die Natur zwingt sie. Man sehe nur genau! Eher findest du Erde, die nicht an Erde hängt, als einen Menschen vom Menschen abgelöst.

10

Frucht bringen Mensch und Gott und Welt, ein jegliches zu seiner Zeit, in anderer Weise freilich als der Weinstock und dergleichen Dinge. Auch die Vernunft hat ihre Frucht, von allgemeiner und von individueller Art. Und was aus ihr hervorgeht, ist eben immer wieder – Vernunft.

11

Belehre den Fehlenden eines Besseren, wenn du es vermagst. Wo nicht, erinnere dich, daß dir für diesen Fall Nachsicht verliehen ist. Auch die Götter sind nachsichtig, ja sie sind den Fehlenden zu einigem, wie Gesundheit, Reichtum, Ehre behilflich. So gütig sind sie! Auch du kannst es sein. Oder, sage, wer hindert dich daran?

12

Leide nicht mit der Miene eines Unglücklichen oder in der Absicht, bewundert oder bemitleidet zu werden. Wolle vielmehr nur das eine, deine Kraft in Bewegung zu setzen oder zurückzuhalten, wie es das Gemeinwesen erheischt.

13

Heut, sprichst du, bin ich aller meiner Plage entronnen. Sag lieber: Heut hab ich all meine Plage abgeworfen. Denn in dir, in deiner Vorstellung war sie, nicht außer dir.

14

Alles bleibt sich gleich. Gewöhnlich in Hinsicht auf Erfahrung, vergänglich in Hinsicht auf Zeit, schmutzig in Hinsicht des Stoffes. Alles, was jetzt ist, war ebenso bei denen, die wir bestattet haben.

15

Die sinnlich wahrnehmbaren Gegenstände sind außer uns. Einsam stehen sie sozusagen vor unserer Tür. Sie wissen nichts von sich selbst, urteilen auch nicht über sich. Wer urteilt also über sie? Der herrschende Teil unserer Seele.

16

Gut und Böse, Tugend und Laster ruhen bei vernunftbegabten Wesen nicht auf einem Zustande, sondern auf einer Tätigkeit.

17

Für den emporgeworfenen Stein ist es ebensowenig ein Glück, in die Höhe zu fliegen, als ein Unglück herabzufallen.

18

Dringe in das Innere der Seele bei den Herrschenden und du wirst sehen, vor was für Richtern du dich fürchtest und was für Richter sie über sich selbst sind.

19

Alles wechselt stets. Auch du selbst bist im steten Wechsel begriffen, um nicht zu sagen in Verwesung. Ebenso die ganze Welt.

20

Das Vergehen eines anderen muß man bei ihm lassen.

21

Das Aufhören der Tätigkeit, Stillstehen der Triebe und der Vorstellungen – der Tod – ist kein Übel. Denn wie ist es mit den verschiedenen Stufen des Lebens, mit der Kindheit, der Jugend, dem Mannes- und Greisenalter? ist nicht ihr Wechsel – Tod? und ist das etwas Schlimmes? Nicht anders der Wechsel der Zeiten. Die Zeiten der Vorväter hören auf mit dem Zeitalter der Väter usf. Ist bei allen diesen Veränderungen etwas Schlimmes? Also auch nicht, wenn dein Leben wechselt, stillsteht und aufhört.

22

Forsche in deiner eigenen Seele, in der Seele des Weltganzen und in der deines Nächsten. In deiner eigenen, um ihr Sinn für Gerechtigkeit einzuflößen, in der des Weltganzen, um dich zu erinnern, wovon du ein Teil bist, in der des Nächsten, um zu erkennen, ob er wissentlich oder unwissentlich handelt und um zu fühlen, daß sie der deinigen verwandt sei.

23

So wie deine ganze Persönlichkeit der ergänzende Teil eines Gemeinwesens ist, so soll auch jede deiner Handlungen das gemeinschaftliche Handeln dieses Gemeinwesens ergänzen. Tut sie dies nicht, ist sie mehr oder weniger diesen Absichten fern, so zerstückelt sie dein Leben, hindert seine Harmonie, ist aufrührerisch wie ein Mensch, der im Volke seine Partei dem Zusammenwirken mit den andern entfremdet.

24

Wie Knabenzänkereien und Kinderspiele, so flüchtig sind unsere Lebensgeister, mit Leichen belastet. Warum sollte da die Totenfeier einen Eindruck auf uns machen.

25

Gehe auf das Wesen der ursächlichen Kraft jedes Gegenstandes ein und sieh bei deiner Betrachtung von seinem Stoff ab und bestimme zum Schluß die längste Spanne Zeit, die er in seiner ihm eigentümlichen Art dauert.

26

Du hast unendlich gelitten lediglich deshalb, weil deine Seele sich nicht begnügte zu tun, wozu sie gemacht ist.

27

Wenn jemand dich tadelt oder haßt oder Schlechtes von dir redet, so gehe heran an seine Seele, dringe ein, und sieh, was er eigentlich für ein Mensch sei. Du wirst finden, daß du dich nicht zu beunruhigen brauchst, was er auch von dir denken mag. Du mußt ihm jedenfalls wohlgesinnt bleiben, da er von Natur dein Freund ist, und da ihm sicherlich auch die Götter helfen, wie dir, in all den Dingen, um die sie Sorge tragen.

28

Alles in der Welt dreht sich im Kreise, von oben nach unten, von Ewigkeit zu Ewigkeit. Und doch auch in jedes Einzelwesen dringt die Seele des Alls. Ist dies, so nimm, was sie hervortreibt, mag sie nun einmal nur sich schöpferisch bewiesen haben, so daß nun eins aus dem andern mit Notwendigkeit folgt und alles eigentlich nur eines ist, oder mag alles atomengleich entstehen und bestehen. Gleichviel. Denn gibt es einen Gott, so steht alles gut; ist aber alles nur von ungefähr, darfst du doch nicht von ungefähr sein!

29

Einem reißenden Strom gleicht die Welt: Alles führt sie dahin. Wie nichtig die Taten des Menschen, die er politisch oder philosophisch nennt, wie eitel Schaum! Aber was nun, lieber Mensch? Tue, was die Natur gerade jetzt von dir fordert. Strebe, wenn dir ein Gegenstand des Strebens gegeben wird, und blicke nicht um dich, ob's einer sieht. Auch bilde dir den Platonischen Staat nicht ein, sondern sei zufrieden, wenn es nur ein klein wenig vorwärtsgeht, und halte solchen kleinen Fortschritt nicht gering. Denn wer wird ihre Gesinnung ändern? Ohne eine solche Änderung der Gesinnung aber, was würde anderes daraus entstehen als ein Knechtsdienst unter Seufzen, ein Gehorsam solcher, die sich stellen, als wären sie überzeugt. Die Alexander, Philippus, Demetrius von Phalerum mögen zusehen, ob sie erkannt, was die Natur will, und ob sie sich selbst in Zucht gehalten haben. Waren es aber Schauspieler, wird mich doch niemand dazu verdammen, sie nachzuahmen. Einfalt und Würde kennzeichnen das Geschäft der Philosophie. Verführe du mich nicht zur Aufgeblasenheit!

30

Betrachte wie von einer Anhöhe aus die unzähligen Volkshaufen mit ihren unzähligen Religionsgebräuchen, die Seefahrten nach allen Windrichtungen unter Stürmen und bei ruhiger See und die Verschiedenheiten zwischen den Dingen, die werden, sind und vergehen! Betrachte auch die Lebensweise, wie sie vormals unter anderen war, wie sie nach dir sein wird und wie sie jetzt unter fremden Völkern herrscht! Ferner, wie viele nicht einmal deinen Namen kennen, wie viele ihn bald vergessen werden, wie viele jetzt vielleicht deine Lobredner, nächstens deine Tadler sind und wie weder der Nachruhm noch das Ansehen, noch sonst etwas von allem, was dazugehört, der Rede wert ist.

31

Ein unerschütterliches Herz den Dingen gegenüber, die von außen kommen, ein rechtschaffenes in denen, die von dir abhängen! Das heißt, dein Streben und Tun finde Ziel und Zweck in gemeinnütziger Tätigkeit; denn das ist deiner Natur gemäß.

32

Viel unnötigen Anlaß zu deiner Beunruhigung, die ganz und gar auf deinem Wahn beruht, kannst du aus dem Weg schaffen und dir selbst unverzüglich weiten Spielraum eröffnen. Umfasse nur mit deinem Geist das Weltall, betrachte die Ewigkeit und dann wieder die schnelle Verwandlung jedes einzelnen Dings: Welch kurzer Zeitraum liegt zwischen seiner Entstehung und Auflösung, wie unermeßlich ist die Zeit vor seinem Werden, wie unendlich nach seinem Ende.

33

Was du um dich siehst, wird bald zerstört, und wer dieser Zerstörung zuschaut, wird selbst auch sehr bald zerstört, und durch den Tod wird der älteste Greis mit dem Frühverstorbenen in denselben Zustand versetzt.

34

Wie ihr Inneres beschaffen ist, welche Interessen sie verfolgen, um welcher Dinge willen sie Lieb und Achtung zollen, das suche zu erforschen, mit einem Wort: die nackten Seelen! – Wenn man glaubt, durch Tadel Schaden und durch Lob Nutzen zu stiften, welch ein Glaube!

35

Verlust ist nichts anderes als Veränderung, die die Natur so liebt, wie wir wissen – sie, die doch alles richtig macht. Oder wolltest du sagen, alles, was geschehen sei oder geschehen werde, sei schlecht? Aber sollte sich dann unter so vielen Göttern nicht wenigstens eine Macht finden, die es wieder zurechtbrächte? und die Welt sollte verdammt sein, in den Banden unaufhörlicher Übel zu liegen?

36

Der Stoff jeden Dinges ist Fäulnis: Wasser, Staub, Knochen, Schmutz. Die Marmorbrüche sind Verhärtungen der Erde, Gold, Silber ihr Bodensatz, unsere Kleider – Tierhaare, Purpur, Blut und alles übrige ist von der Art. Selbst der Lebensgeist ist von solcher Art, denn er ist auch steter Umwandlung unterworfen.

37

Genug des elenden Lebens, des Murrens und des äffischen Benehmens! Warum bist du unruhig, was findest du hier so unerhört? Was bringt dich außer Fassung? Die ursächliche Kraft der Dinge?

Betrachte sie nur! Aber vielleicht der Stoff? Sieh ihn nur an! Sonst gibt es aber nichts. Sei also doch endlich argloser und freundlicher gegen die Götter! Es ist ja einerlei, ob du diese Untersuchungen hundert oder nur drei Jahre anstellst.

38

Hat sich jemand vergangen, trägt er den Schaden. Vielleicht hat er sich aber gar nicht vergangen.

39

Entweder ist ein denkendes Wesen die Urquelle des ganzen Weltalls, von der aus dem All als einem Körper alles zuströmt. Dann darf sich der Teil über das, was zum Nutzen des Ganzen geschieht, nicht beklagen. Oder das All ist ein Gewirr von Atomen, zufällig gemischt und zufällig getrennt. Wozu dann deine Unruhe? Sprich nur zu deiner Vernunft: »Du bist tot, schon in Verwesung, und wie ein Tier, das auf die Weide geht und seinen Hunger stillt.«

40

Entweder die Götter vermögen nichts, oder sie haben Macht. Können sie nichts, was betest du? Haben sie aber Macht, warum bittest du sie nicht lieber darum, daß sie dir geben, nichts zu fürchten, nichts zu begehren, dich über nichts zu betrüben, als darum, daß sie dich vor solchen Dingen, die du fürchtest, bewahren oder solche, die du möchtest, dir gewähren? Denn wenn sie den Menschen überhaupt helfen können, so können sie ihnen doch auch dazu verhelfen. Aber vielleicht entgegnest du, das hätten die Götter in deine Macht gestellt. Nun, ist es denn da nicht besser, was in unserer Macht steht, mit Freiheit zu gebrauchen, als mit knechtischem gemeinem Sinn dahin zu langen, was nicht in unserer Macht steht? Wer aber hat dir gesagt, daß die Götter uns in den Dingen, die in unserer Hand liegen, nicht beistehen? Fange nur an, um solche Dinge zu bitten, dann wirst du ja sehen! Einer bittet, er möchte frei werden von einer Last; du bitte, wie du's nicht nötig haben möchtest, davon befreit zu werden. Jener, daß ihm sein Kind erhalten werden möge; du, daß du nicht fürchten mögest, es zu verlieren usf. Mit einem Wort, gib allen deinen Gebeten eine solche Richtung, und sieh, was geschehen wird.

41

Epikur erzählt: In meinen Krankheiten erinnere ich mich nie eines Gesprächs über die Leiden des Menschen; nie sprach ich mit denen, die mich besuchten, darüber. Sondern ich arbeitete weiter, über naturhistorische Gegenstände im allgemeinen und besonders nachdenkend, wie die Seele, trotzdem daß sie an den Bewegungen im Körper teilhat, ruhig bleiben und das ihr eigentümliche Gut bewahren möge. Auch gab ich den Ärzten niemals Gelegenheit, sich meinetwegen zu rühmen, als hätten sie etwas ausgerichtet, sondern lebte nachher nicht angenehmer und besser wie vorher. So halte es auch du, in Krankheiten nicht bloß, sondern in jeder Widerwärtigkeit. Den Grundsatz haben alle Philosophenschulen, gerade unter mißlichen Verhältnissen der Philosophie sich treu zu zeigen, mit Leuten, die dem wissenschaftlichen Denken fernstehen, lieber nicht zu schwatzen und seine Gedanken lediglich auf das jedesmal zu Tuende und auf die Mittel zur Ausführung dessen, was uns obliegt, zu richten.

42

Sooft dir jemand mit seiner Unverschämtheit zu nahe tritt, lege dir die Frage vor, ob es nicht Unverschämte in der Welt geben müsse? Denn das Unmögliche wirst du doch nicht verlangen. Und dieser ist nun eben einer von den Unverschämten, die es in der Welt geben muß. Dasselbe gilt von den Schlauköpfen, von den Treulosen, von jedem Lasterhaften. Und sobald dir dieser Gedanke geläufig wird, daß es unmöglich ist, daß solche Leute nicht sind, siehst du dich auch sofort freundlicher gegen sie gestimmt. Ebenso frommt es, daran zu denken, welche Tugend die Natur jeder dieser bösen Richtungen gegenüber dem Menschen verliehen hat. So gab sie z. B. der Lieblosigkeit gegenüber, gleichsam als Gegengift, die Sanftmut. Überhaupt aber steht dir frei, den Irrenden eines Besseren zu belehren. Und ein Irrender ist jeder Böse: Er führt sich durch sein Unrecht selbst vom vorgesteckten Weg ab. Was aber schadet dir's? Vermag er etwas wider deine Seele? –

Und was ist denn Übles oder Fremdartiges daran, wenn ein zuchtloser Mensch tut, was eben eines solchen Menschen ist. Eher hättest du dir selbst darüber Vorwürfe zu machen, daß du nicht erwartet hast, er werde solches tun. Deine Vernunft gibt dir doch Anlaß genug zu dem Gedanken, daß es wahrscheinlich sei, er werde sich auf diese Weise vergehen, und nun, weil du nicht hörst auf das, was sie dir sagt, wunderst du dich, daß er sich vergangen hat! Jedesmal also, wenn du jemand der Treulosigkeit oder der Undankbarkeit beschuldigst, richte den Blick in dein eigenes Innere. Denn offenbar ist es doch dein Fehler, wenn du einem Menschen von solchem Charakter dein Vertrauen schenktest oder wenn du ihm eine Wohltat erwiesest mit allerlei Nebenabsichten und ohne den Lohn deiner Handlungsweise nur in ihr selbst zu suchen. Was willst du denn noch weiter, wenn du einem Menschen wohlgetan? Ist's nicht genug, daß du deiner Natur entsprechend gehandelt? strebst du nach einer besonderen Belohnung? Als ob das Auge Bezahlung forderte dafür, daß es sieht, und die Füße dafür, daß sie schreiten! Und wie Aug' und Fuß dazu geschaffen sind, daß sie das Ihrige haben in der Erfüllung ihrer natürlichen Verrichtungen, so hat auch der Mensch, zum Wohltun geschaffen, sooft er ein gutes Werk getan und anderen irgendwie äußerlich beistand, eben nur getan, wozu er bestimmt ist, und empfängt darin das Seinige.

ZEHNTES BUCH

I

Wirst du denn, liebe Seele, wohl einmal gut und lauter und einig mit dir selbst und ohne fremde Umhüllung und durchsichtiger sein als der dich umgebende Leib? Froh werden eines liebenswürdigen und liebenden Charakters? Wirst du einmal befriedigt und bedürfnislos sein, nach nichts dich sehnend, nichts begehrend, weder Geistiges noch Ungeistiges, um daran eben nur Genuß zu haben? weder mehr an Zeit noch mehr an Raum oder Gelegenheit, um den Genuß weiter auszudehnen? weder eine günstigere Temperatur der Luft noch eine ansprechendere in deiner menschlichen Umgebung? vielmehr zufrieden sein mit eben der Lage, in der du dich befindest, dich überhaupt des Vorhandenen erfreuen und dich überzeugen, daß dir alles zu Gebote steht, daß sich alles wohl verhält und daß es von den Göttern kommt, sich also wohlverhalten muß, sofern es ihnen selbst wohlgefällig ist und sofern sie's ja nur geben mit Rücksicht auf die Seligkeit des vollkommensten Wesens, des guten und gerechten und schönen, jenes Wesens, das alles dasjenige erzeugt und zusammenhält und umgibt und in sich faßt, was, wenn es sich auflöst, der Grund zur Entstehung eines anderen von ähnlicher Beschaffenheit wird? Wirst du mit einem Worte wohl einmal eine Seele sein, die mit Göttern und Menschen so verkehrt, daß du weder an ihnen etwas auszusetzen hast, noch daß sie dich beschuldigen können?

2

Nachdem du erforscht, was deine Natur fordert, was rein nur ihrem Gebot entspricht, so führe dasselbe nun auch aus oder laß es zu, sofern dadurch das Triebleben an dir nicht schlechter wird. Dann frage dich, was ebendieser Seite deines Wesens entspricht, und vergönne es dir, sofern dadurch das Vernünftige an dir nicht leidet – das Vernünftige, das immer zugleich auch ein Geselliges ist. Und wenn du diesen Grundsätzen folgst, bedarf es keines anderen Bestrebens.

3

Entweder hast du von Natur die Kraft, jedes dir begegnende Geschick zu ertragen, oder es gebricht dir an dieser natürlichen Kraft. Trifft dich nun ein Schicksal, das zu ertragen du stark genug bist, sei nicht ungehalten und ertrage es durch deine natürliche Kraft. Übersteigt es aber diese natürliche Kraft, sei auch darüber nicht unwillig. Was dich zugrunde richtet, wird auch zugrunde gehen. Jedoch vergiß auch nicht, daß du bestimmt bist, alles zu ertragen, was erträglich und leidlich zu machen deine Vorstellung die Macht hat, durch den Gedanken nämlich, daß es dir heilsam oder daß es deine Pflicht sei.

4

Irrt sich jemand, so belehre ihn mit Wohlwollen und zeige ihm, was er übersehen hat! Vermagst du das aber nicht, so klage dich selbst an oder auch dich selbst nicht einmal!

5

Alles, was dir geschieht, ist dir von Ewigkeit her vorausbestimmt. Jener große Zusammenhang von Ursache und Wirkung hat beides, dein Dasein und dieses dein Geschick, von Ewigkeit aufs innigste verwoben.

6

Mag die Welt ein Gewirr von Atomen oder ein geordnetes Ganzes sein, mein erster Grundsatz sei: Ich bin ein Teil des Ganzen und stehe unter der Herrschaft der Natur. – Der zweite: Ich hänge mit allen gleichartigen Teilen eng zusammen. Eingedenk des ersten Grundsatzes werde ich nicht unzufrieden sein, was mir auch für ein Anteil am Ganzen zugedacht ist. Es kann nichts einem Teil schaden, was dem Ganzen zuträglich ist. Denn das Ganze enthält nichts, was ihm nicht selbst zuträglich wäre. Sämtliche Wesen haben das miteinander gemein, daß sie von keinem ihnen äußerlichen Umstande gezwungen werden können, etwas hervorzubringen, was ihnen selbst schädlich wäre. Und dasselbe gilt natürlich auch von der ganzen Welt. Was aber dem Ganzen nützt, kann dem Teile nicht schädlich sein, d.h. ich darf nicht klagen über das, was von dem All mir zugeteilt wird. Sofern ich aber mit den mir gleichartigen Teilen zusammenhänge, werde ich nichts gegen das Gemeinwohl unternehmen, vielmehr werde ich, mit steter Rücksicht auf die mir gleichartigen Wesen, mein Streben ganz auf das gemeine Beste richten und vom Gegenteil ablenken. Führe ich diese Vorsätze aus, muß mein Leben glücklich dahinfließen, so glücklich, als nach Erfahrung das Leben eines Bürgers verläuft, das von einer seine Mitbürger beglückenden Tat zur anderen fortschreitet und mit Freuden übernimmt, was ihm der Staat auch auferlegt.

7

Alle Teile des Ganzen, das heißt die vom Weltraum umschlossenen Dinge müssen notwendig zerstört oder mit einem richtigen Ausdruck umgewandelt werden. Wäre nun dies von Natur aus ein Übel für sie, so stünde das Ganze bei dem steten Wechsel der Teile und ihrem vorausbestimmten Untergang unter keiner guten Leitung. Denn sollte die Natur selbst die Einrichtung getroffen haben, ihren eigenen Teilen Schlimmes zuzufügen, ja sie nicht nur ins Unglück zu stürzen, sondern diesen Sturz sogar notwendig machen? Oder sollte es ihr verborgen sein, daß derartiges einträte? Beides ist nicht zu glauben. Wollte nun jemand, von der Allnatur absehend, diese Umwandlung nur aus dem Wesen der Dinge ableiten, so ist es bei alledem lächerlich, einerseits zu behaupten, daß die Teile des Ganzen sich ihrer Anlage nach verwandeln müssen, und andererseits sich über manches Naturereignis zu verwundern oder zu ärgern, zumal die Auflösung in jene Teile erfolgt, aus denen das Ding entstanden ist, sei diese nun eine Zerstäubung der Grundstoffe, woraus es zusammengesetzt war, oder ein Übergang, z.B. der festen Teile in das Erdige, der geistigen in das Luftige, so daß auch diese in den Keimstoff des Weltganzen aufgenommen werden, mag dieses nun nach einem bestimmten Kreislauf der Zeit in Feuer auflodern oder sich in stetem Wechsel wieder erneuen. Bilde dir aber nicht ein, daß jene festen und geistigen Teile von Geburt an dir kleben. Dies alles ist dir vielmehr erst von gestern und vorgestern durch Speisen und eingeatmete Luft zugeflossen. Mithin wird nur das, was deine Natur auf solche Art angenommen, nicht aber das, was von der Mutter Natur dir angeboren ist, umgewandelt. Wolltest du aber auch vorgeben, daß diese jenes mit deiner besonderen Eigentümlichkeit so eng verflochten habe, so halte ich dieses Vorgeben in der Tat für einen richtigen Einwurf gegen meine Behauptung.

8

Hast du die Namen: gut, ehrfürchtig, wahrhaft, verständig, gleichmütig, hochherzig dir beigelegt, so sorge dafür, daß du sie nie verlierst oder immer bald wieder erwirbst. Aber bedenke auch, was sie besagen! Verstand – ein sorgsam erworbenes, gründliches Wissen um einzelnes; Gleichmut – ein bereitwilliges Aufnehmen des von der Natur uns

Zuerkannten; Hochherzigkeit – ein Erhabensein des Geistes über jede leise oder laute Regung im Fleisch, über das, was man Ehre nennt, auch über den Tod und alles dieses. Vermagst du nun, dich diesen Namen zu erhalten, ohne doch gerade danach zu streben, daß andere dich bei ihnen nennen, so wirst du ein anderer Mensch sein und ein anderes Leben anfangen. Bleibst du aber noch ferner, wie du bisher warst, fährst fort in einer Lebensweise, die dich befleckt und aufreibt, so bist du ein gewissenloser Mensch, ein Mensch, der eben nichts als leben will, und gleichst jenen Halbmenschen, die man mit wilden Tieren kämpfen läßt, die nämlich, wenn sie mit Wunden bedeckt und mit Blut besudelt sind, inständigst bitten, man möchte sie doch bis auf den folgenden Tag aufheben, um – wieder vorgeworfen zu werden denselben Krallen und denselben Zähnen. Also tauche dein Wesen in jene wenigen Namen. Und wenn du es nur irgend ermöglichen kannst, halte bei ihnen aus wie einer, der auf den Inseln der Seligen gelandet. Merkst du aber, daß man dich heraustreiben will und daß du nicht obsiegen wirst, so ziehe dich eilig in einen Winkel zurück, wo du dich wahren kannst; oder – verlasse das Leben! – Um jener Namen eingedenk zu bleiben, ist es kein schlechtes Hilfsmittel, sich die Götter vorzuhalten, die nicht sowohl begehren, daß man sie schmeichelnd verehre, als daß alle vernunftbegabten Wesen ihnen ähnlich werden, und daß der Mensch tue, was des Menschen ist.

9

Hast du hohe und heilige Wahrheiten dir ohne selbständiges Forschen eben nur eingebildet, so werden sie dir auch wieder abhanden kommen, so können Komödienspiel, Anfeindung, Furcht, Schrecken, Knechtschaft sie dir täglich entreißen. Es gilt aber, sich eine solche Anschauungs- und Lebensweise anzueignen, daß man das Vorliegende sofort abzutun jederzeit bereit ist und doch dabei weder die geistige Ausbildung außer acht läßt, noch das Vertrauen verleugnet, womit uns jede tiefere Erkenntnis der Dinge erfüllt, das zwar an sich ein innerliches ist, doch aber nicht verborgen bleiben kann. Denn alsdann wirst du deiner Lauterkeit, deiner Würde froh werden, was jedes Ding seinem Wesen nach ist, welche Stelle es in der Welt einnimmt, wie lang es seiner Natur nach dauern wird, aus welchen Teilen es besteht, wem es zufallen, wer es geben und rauben kann.

10

Eine kleine Spinne ist stolz darauf, wenn sie eine Fliege erjagt hat, jener Mensch, wenn er ein Häschen, dieser, wenn er in seinem Netz eine Sardelle, ein dritter, wenn er einen Eber oder Bären, und noch ein anderer, wenn er Sarmaten fängt. Sind aber diese, wenn man die Triebfeder untersucht, nicht insgesamt Räuber?

11

Erwirb dir die Kenntnis, die Art der Verwandlung aller Dinge ineinander wissenschaftlich zu untersuchen. Merke beständig darauf und übe dies in diesem Fach! Denn nichts fördert so gut die Hochherzigkeit. Wer diese besitzt, hat seinen Leib schon abgestreift, und wenn er bedenkt, daß er in nicht gar langer Zeit dieses alles verlassen und aus dem Menschenleben scheiden muß, so übergibt er sich in betreff dessen, was er leistet, ganz allein der Rechtschaffenheit, in betreff seiner Schicksale aber der Natur. Was jedoch andere von ihm sagen oder urteilen oder ihm zuleid tun mögen, das läßt er sich nicht anfechten. Denn mit den zwei Punkten, erstens das gut zu tun, was man zu tun hat, und zweitens in Liebe hinzunehmen, was einem beschieden ist, läßt er alle anderen Aufgaben und Ziele fahren. Er will nichts, als auf dem Pfad des Gesetzes seinen Zweck zu verfolgen und also der Gottheit nachzustreben, die gleichfalls geraden Wegs auf ihr Ziel zugeht.

12

Was für ein Bedenken hält dich ab, vor allem zu sehen, was der Augenblick zu tun gebietet? Freilich mußt du's völlig erwogen haben, ehe du getrost und unbeirrt daran gehen kannst. Ist dir also noch irgend etwas daran unklar, so halte an und ziehe die Besten zu Rat. Sonst aber, tritt auch ein Hindernis dir in den Weg, schreite nur besonnen vorwärts, den einmal empfundenen Antrieben folgend und treu dich haltend an das, was dir als das Rechte erschienen ist. Denn dies zu verfolgen bleibt immer das Beste. Ihm untreu werden heißt, von seiner eigenen Natur abfallen. Darum sage ich, daß wer in allen Stücken der Vernunft gehorcht, ruhig und leicht bewegt, heiter und ernst zugleich zu sein vermag.

13

Frage dich, sobald du des Morgens aufgestanden bist: Geht es dich etwas an, ob ein anderer das Gute und Rechte tut? Nichts geht's dich an. Hast du vergessen, was das für Leute sind, die ewig nur zu loben oder zu tadeln wissen? wie sie's treiben auf ihrem Lager, bei Tafel, überall, was es für Diebe und Räuber sind, nicht äußerlich mit Händen und Füßen, sondern innerlich an dem kostbarsten Teile ihres Wesens, mit dem sie sich doch, wenn sie wollten, Glauben, Ehrfurcht, Wahrheit, Sitte, den guten Genius zu eigen machen könnten.

14

Der wohlgesittete und ehrfurchtsvolle Mensch sagt zur Natur, der alles spendenden und wieder nehmenden: Gib, was du willst, und nimm, was du willst. Er spricht's nicht etwa, zu besonderem Mut sich aufraffend, sondern aus reinem Gehorsam und aus Liebe.

15

Du hast nur noch wenig zu leben. Lebe wie auf einem Berge! Gleichviel wo in der Welt du lebst, denn die Welt ist ein Menschenverein. Und die Menschen sollen eben den wahren Menschen, den der Natur gemäß lebenden schauen und beschauen. Mögen sie ihn immerhin aus dem Wege räumen, wenn sie ihn nicht vertragen können.

16

Nun gilt es nicht mehr zu untersuchen, was ein tüchtiger Mensch sei, sondern einer zu sein.

17

Der Gedanke an die Ewigkeit und an das Weltall sei dir stets nahe: Verglichen mit dem All wird dir dann alles als ein Körnlein und mit der Ewigkeit verglichen wie ein Handumdrehen erscheinen.

18

Jedes Sinnenwesen, das du betrachtest, stelle dir in seiner Auflösung, Verwandlung, gleichsam Verwesung oder Vernichtung vor oder von der Seite, die ihm von der Natur gleichsam als die vergehende bestimmt ist.

19

Was sind denn die Esser und Trinker und Schläfer und Erzeuger und was sie sonst machen? was sind sie, die sich aufblähen und so hoch dreinschauen, die so zornig sind und so von oben herab urteilen? Vor kurzem – wem haben sie gedient und um welchen Preis? Und wieder eine kleine Weile – wo sind sie dann?

20

Nicht bloß, was die Natur dem Menschen schickt, ist ihm zuträglich, sondern es ist ihm auch gerade dann von Nutzen, wann sie's schickt.

21

Der Règen – ein Liebling der Erde; doch auch des blauen Himmels Liebling. Das Weltall liebt zu tun (sagt man nicht: »liebt, zu tun?«) alles, was eben geschehen soll. Ich also sage zu ihm: Deine Liebe ist auch meine.

22

Entweder du lebst hier, wie du gewohnt bist, oder du kommst anderswohin, wie du am Ende auch gewollt, oder du stirbst und hast ausgedient. Das ist alles. Drum sei guten Muts!

23

Vergiß nicht, daß du da, wo du lebst, ganz dasselbe hast, was du im Gebirge oder an der See oder sonstwo, wohin du dich sehnst, haben würdest. Dem Hirten, sagt Plato, der so bei seiner Hürde auf dem Berge weidet, ist's nicht anders zumute wie dem, den eine Stadtmauer umgibt.

24

Wozu das Herrschende in mir? Und was mache ich jetzt selbst aus ihm? Oder wozu bediene ich mich jetzt seiner? Ist es ohne Einsicht? Oder von der Gemeinschaft getrennt und abgerissen? Oder so an das Fleisch gekettet und mit ihm verschmolzen, daß es alle seine Bewegungen teilen muß?

25

Wer seinem Herrn entläuft, ist ein Ausreißer. Der Herr ist das Gesetz; wer also der Befolgung des Gesetzes sich entzieht, ist ein Ausreißer. Nicht minder aber verdient diesen schimpflichen Namen auch der, der sich erzürnt oder betrübt oder fürchtet. Denn er will nicht, daß geschehen wäre oder geschehe oder geschehen soll, was der alles Verwaltende, der allen Gesetz ist, bestimmt.

26

Der eine vertraut dem Mutterschoß den Samen und geht dann fort. Dann nimmt eine andere wirkende Kraft den Samen auf, verarbeitet ihn und vollendet die Bildung des Kindes. Welch ein Wesen aus solchem Stoff! Wieder schluckt die Mutter durch den Schlund Nahrung. Dann nimmt diese eine andere wirkende Kraft auf und bewirkt daraus Empfindung, Reife und überhaupt Leben und Stärke und wer weiß wie viele und welcherlei Dinge sonst! Betrachte nur die verborgenen Wirkungen und lerne die hierbei tätige Kraft kennen, wie wir auch die Kraft, vermöge der die Körper sich senken oder steigen, zwar nicht sichtbar aber doch geistig wahrnehmen.

27

Denke stets daran, daß alles, wie es jetzt ist, auch einst war, und dann schließe, daß es künftig ebenso sein werde. Stelle dir alle gleichartigen Schauspiele und Auftritte vor, die du aus Erfahrung oder aus der Geschichte kennst, z.B. den ganzen Hof Hadrians, den ganzen Hof Antonins, den ganzen Hof Philipps, Alexanders und den Hof des Krösus. Überall dasselbe Schauspiel, nur von anderen Personen gegeben.

28

Ein Mensch, der seinem Unwillen über irgend etwas Luft macht und sich beklagt, unterscheidet sich im Grunde genommen gar nicht von – einem Stück Vieh, das beim Schlachten mit allen Vieren um sich stößt und dazu schreit. Und anders ist auch nicht einmal der, der auf seinem Lager hingestreckt stillschweigend seufzt, wenn man ihm den Verband anlegt. Denn dem vernunftbegabten Wesen ist es doch gegeben – und das ist seine Auszeichnung, bereitwillig sich in das zu schicken, was ihm geschieht. Sich schicken wenigstens ist notwendig für alle.

29

Bei jeglichem Dinge, womit du beschäftigt bist, frage dich, ob der Tod darum, weil er dich seiner beraubt, etwas so Schreckliches ist.

30

Sooft du unter dem Fehler eines anderen zu leiden hast, frage dich, ob du nicht auch in ähnlicher Weise gefehlt, ob du z.B. nicht auch schon das Geld, das Vergnügen, den Ruhm und ähnliches für ein Gut gehalten hast. Dann wirst du deinen Zorn bald lassen, zumal wenn dir dazu noch einfällt, daß er gezwungen war. Denn was kann er tun? Aber wenn es möglich wäre, befreie ihn von jenem Zwang!

31

Siehst du, Satyrio, den Sokratiker, so stelle dir den Eutyches oder Hymenes vor; siehst du den Euphrates, so denke an Eutyches oder Silvanus und auch an Alkiphron und Tropäophorus, und auch bei Xenophons Anblick falle dir Kniton oder Severus ein, und indem du auf dich selbst zurückschaust, stelle dir einen anderen Kaiser und bei jedem wieder seinesgleichen vor! Dann falle dir zugleich die Frage ein: »Wo sind nun jene?« Nirgends oder wer weiß wo. Denn auf diese Art wird dir alles Menschliche stets nur als ein Rauch, als ein wahres Nichts erscheinen, zumal, wenn du dich zugleich erinnerst, daß, was sich einmal verwandelt hat, in der unendlichen Zeit nicht mehr sein werde. Wie lange also du noch? Warum genügt es dir nicht, diese kurze Spanne Zeit mit Anstand hinter dich zu bringen? Was für schwierige Dinge und Aufgaben sind es denn, denen du aus dem Wege gehen möchtest? Aber was ist denn dies alles anders als Übungen für die Vernunft, daß sie die Dinge des Lebens immer tiefer und wahrer erschauen lerne? Also verweile nur bei jeglichem Gegenstande so lange, bis du ihn dir völlig zu eigen gemacht hast, wie ein starker Magen sich alles zu eigen macht, oder wie ein helles Feuer, was du hineinwerfen magst, in Glanz und Flamme verwandelt.

32

Niemand müsse mit Wahrheit von dir sagen können, daß du nicht lauter, daß du nicht rechtschaffen seist; vielmehr sei der ein Lügner, der also von dir urteilen wollte. Das alles aber kommt nur auf dich an. Denn wer will dich hindern, rechtschaffen und lauter zu sein? Fasse nur den Entschluß, nicht länger zu leben, ohne ein solcher Mann zu werden. Auch die Vernunft billigt es keineswegs, wenn du es nicht bist.

33

Ruhe nicht eher, als bis du es so weit gebracht hast, daß ein der menschlichen Bestimmung entsprechendes Handeln in jedem einzelnen Falle dir ganz dasselbe ist, was ein Leben in Herrlichkeit und Freude für die Genußsüchtigen. Denn eben als einen Genuß mußt du es auffassen, wenn dir vergönnt ist, deiner Natur gemäß zu leben. Und dies ist dir immer vergönnt. Nicht so den Dingen der unbeseelten Natur: der Walze ist es oft verwehrt, sich in der ihr natürlichen Weise zu bewegen und ebenso dem Wasser und dem Feuer usf. Denn hier sind mannigfache Hindernisse. Geist aber und Vernunft vermögen kraft ihrer natürlichen Beschaffenheit und in Kraft ihres Willens alle Hindernisse zu überwinden. Drum gilt es, nichts so lebendig vor Augen zu haben als diese Leichtigkeit, mit der die Vernunft sich durchzusetzen vermag, mit der sie sich, wie das Feuer nach oben, der Stein nach unten, die Walze um ihre Achse, durch alles hindurch bewegt. Was es auch für sie an Hindernissen gibt, das gehört entweder dem toten Leibe an, oder es kann sie, ohne Beihilfe des Gedankens und wenn sie nicht selbst die Erlaubnis dazu gibt, nicht verwunden, ihr überhaupt nichts Böses tun. Sonst müßte sie ja dadurch notwendig schlechter werden, wie man dies bei anderen Schöpfungen sieht, daß, wenn ihnen etwas Übles widerfährt, sie wirklich darunter leiden, d.h. dadurch schlechter werden. Beim Menschen aber muß man vielmehr sagen, wenn er den Hemmungen, auf die er stößt, richtig begegnet, wird er besser dadurch und preiswürdiger. – Überhaupt aber denke daran, daß dem eingesessenen Bürger nichts schadet, was dem Staate nichts schadet, und ebensowenig dem Staat, was dem Gesetz nichts schadet. Von dem, was man Unglücksfall nennt, schadet aber nichts dem Gesetz. Was also dem Gesetz nichts schadet, schadet weder dem Staat noch dem Bürger.

34

Für den, den wahre Philosophie erfüllt, reicht die Erinnerung an jene Verse hin:
»Blätter verweht zur Erde der Wind nun, andere treibt dann
Wieder der knospende Wald, wenn neu auflebet der Frühling. –
So der Menschen Geschlecht.« –
um Traurigkeit und Furcht ihm zu verscheuchen. Blätter sind auch deine Kindlein. Blätter alles, was so laut schreit, um sich Glauben zu verschaffen, was so hohes Lob zu spenden oder so zu verfluchen oder nur so insgeheim zu tadeln oder zu spotten liebt; Blätter auch, die deinen Ruhm verkünden sollen. Denn um die Frühlingszeit keimt alles hervor. Dann kommt der Herbstwind und wirft wieder alles zu Boden, damit anderes an seine Stelle trete. Kurze Lebensdauer ist der Charakter aller Dinge. Du aber fliehst und verfolgst alles, als sollte es ewig dauern. Über ein Kleines, und auch deine Augen schließen sich, und den, der dich bestattet, beweint bald ein anderer.

35

Ein gesundes Auge muß jeden Anblick ertragen können und darf nicht immer bloß Grünes sehen wollen. Ein gesundes Ohr, eine gesunde Nase ist auf jeden Schall und jeden Geruch gefaßt. Ein gesunder Magen verhält sich gegen jede Speise gleich, wie die Mühle eben alles mahlt, was zu mahlen geht. Ebenso nun muß auch eine gesunde Seele auf jedes Schicksal gefaßt sein. Wer aber spricht: meine Kinder müssen am Leben bleiben, oder: die Leute müssen stets billigen, was ich tue, dessen Seele gleicht dem Auge, welches das Grüne, oder den Zähnen, die nur Weiches haben wollen.

36

Niemand ist so glücklich, daß nicht einst an seinem Sterbelager einige stehen sollten, die diesen Fall willkommen heißen. Ist's auch ein trefflicher und weiser Mensch, so findet sich am Ende doch immer jemand, der aufatmend von ihm sagt: Nun werde ich von diesem Zuchtmeister erlöst; er war zwar keinem von uns lästig, aber ich hatte immer das Gefühl, als verdamme er uns stillschweigend alle miteinander! Und das ist beim Tode eines Trefflichen! Wie vieles mag unsereiner also an sich haben, um deswillen so mancher wünscht, von uns befreit zu werden. Daran denke in deiner Sterbestunde! Denke, du sollst eine Welt verlassen, aus der dich deine Genossen, aus der dich die, für die du so vieles ausgestanden, soviel gebetet und gesorgt hast, nun hinwegwünschen, indem sie aus deinem Scheiden so manche Hoffnung schöpfen. Was könnte dich also noch länger hier festhalten! Und doch darfst du deshalb mit nicht geringerem Wohlwollen von ihnen scheiden, sondern mußt um deiner selbst willen ihnen Freund bleiben und freundlich, sanft von ihnen Abschied nehmen, ebenso sanft, wie sich die Seele dessen vom Körper trennt, dem ein seliges Sterben beschieden ist. Denn die Natur hat dich auch so mit deinen Freunden verbunden. Und wenn sie dich jetzt von ihnen ablöst, so geschieht dies eben als von deinen Freunden, und nicht so, daß du von ihnen fortgerissen würdest, sondern sanft von ihnen scheidest. Es ist dies wenigstens auch eine von den Forderungen der Natur.

37

Bei allem, was von anderen geschieht, suche herauszubringen, welchen Zweck sie verfolgen. Aber fange damit bei dir selbst an, erforsche zuerst immer dich selbst!

38

Das, was dich bewegt, was dich mit unsichtbaren Fäden hierhin und dorthin zieht, das ist in deinem Innern. Hier schlummert das beredte Wort, hier wurzelt das Leben, hier ist der eigentliche Mensch. Nie schreibe diese Bedeutung dem Gefäße zu, das dieses dein Inneres umgibt, oder den Organen, die ihm angegliedert sind. Ohne bewegende Kraft sind sie nicht mehr als ein Weberschiff ohne Weber, eine Feder ohne Schreiber, eine Peitsche ohne Wagenlenker.

ELFTES BUCH

I

Wir betrachten noch einmal die Eigentümlichkeit der vernünftigen Seele. Also: sie sieht sich selbst, sie setzt sich selbst auseinander, die Frucht, die sie hervorbringt, erntet sie auch selbst (nicht wie bei den Früchten, die die Pflanzen- oder Tiernatur hervorbringt, die andere ernten). Ferner, sie erreicht ihr Ziel, wann immer das Leben zu Ende sein mag; anders als bei den Tanzstücken und bei jedem Schauspiel, wo die ganze Handlung zum bloßen Stückwerk wird, wenn etwas dazwischenkommt. Denn sie führt, was sie sich vorgesetzt, vollständig und makellos zu Ende, an welchem Teile der Handlung und wo überhaupt sie auch betroffen werden mag, so daß sie sagen kann: »Ich habe das Meinige beisammen.« Sie umfaßt ferner die ganze Welt samt dem sie umgebenden Raume und vermag sich ein Bild von ihr zu machen; sie dringt in die Unendlichkeit der Zeit, nimmt wahr die periodisch stattfindende Wiedergeburt aller Dinge, betrachtet sie und erkennt, daß, die nach uns kommen, nichts anderes sehen werden, so wie auch unsere Vorfahren nichts anderes sahen, sondern daß der, der etwa vierzig Jahre alt geworden, wofern er nur Geist hat, alles was gewesen und was sein wird, gesehen hat. Endlich ist es der vernünftigen Seele auch eigen, den Nächsten zu lieben, wahr zu sein, Ehrfurcht zu haben und nichts höher zu achten als sich selbst. Und in dem allen stimmt sie mit den Forderungen des allgemeinen Weltgesetzes überein, so daß zwischen der gesunden Vernunft und dem Wesen der Gerechtigkeit kein Unterschied ist.

2

Ein schöner Gesang, ein schöner Tanz, ein schönes Spiel ist nur so lange schön, solange man das Ganze anschaut. Zerlegt man aber jenen in seine einzelnen Töne, diese in ihre einzelnen Bewegungen, und hält dieselben für sich fest, so verlieren sie ihren Reiz. Nur die Tugend und was von ihr ausgeht ist und bleibt immer schön. Daher übe nur bei allem andern jene Zergliederung, auch bei der Anschauung des Lebens.

3

Wann ist die Seele wahrhaft bereit, sich von dem Leibe zu trennen und so entweder zu verlöschen oder zu zerstieben, oder mit ihm fortzudauern? Wenn diese Bereitheit aus dem eigenen Urteil hervorgeht; wenn es nicht bloß aus Hartnäckigkeit geschieht, wie bei den Christen, sondern mit Überlegung und Würde und ohne Schauspielerei, so daß auch andere dem Eindrucke sich nicht entziehen können.

4

Hast du etwas getan zum Wohle anderer? Dann hast du auch dein eigenes gefördert. Das kann man gar nicht oft genug sich selber sagen.

5

Was treibst du für eine Kunst? Die Kunst, gut zu sein. Wie könnte dies aber anders gelingen als durch klare Einsicht in das Wesen der Natur und des Menschen.

6

Zuerst entstanden die Tragödien, die uns erinnern, daß alles, was geschieht, gerade so geschehen müsse. Und dann wollen wir doch, was uns auf der Bühne ergötzt, uns nicht zum Anstoß gereichen lassen, wenn's auf der größeren Bühne uns entgegentritt. Auf die Tragödie folgt die alte Komödie. Ihr Freimut war erzieherisch. Wir wurden durch ihr offenherziges Wesen gemahnt, Prunk und Stolz abzutun. Daher entlehnte sogar ein Diogenes nicht selten aus ihr. Dann kam die Komödie der mittleren Zeit und dann die neueste. Sie artete bald in ein künstliches Wesen der Nachahmung aus. Und wenn wir auch nicht verkennen, daß sie so manches Treffliche enthält, so frage ich doch: welchen Zweck denn eigentlich diese ganze dramatische Poesie verfolge?

7

Wie weit bist du in der Erkenntnis, daß keine andere Lebensweise zum Philosophieren so geeignet sei als die, die du jetzt gerade führst?

8

Ein Zweig von seinem Nachbarzweige losgehauen, ist damit notwendig zugleich auch vom ganzen Baume abgehauen. So auch der Mensch: Hat er sich nur mit einem einzigen zerspalten, so ist er von der ganzen menschlichen Gesellschaft abgefallen. Den Zweig nun haut ein anderer ab, der Mensch aber trennt durch seinen Haß und seine Feindschaft sich selbst von seinem Nächsten, freilich, ohne es zu wissen, daß er sich damit auch vom Ganzen losgerissen. Doch ist es ein Geschenk des Gottes, der die menschliche Gesellschaft gründete, daß es uns freisteht, mit dem, woran wir früher hielten, wiederum zusammenzuwachsen und so zur Vollendung des Ganzen wieder beizutragen, nur daß, je öfter eine solche Lostrennung geschieht, die Einigung und Wiederherstellung desto schwieriger wird, und daß ein Zweig, der von Anfang an im Zusammenhange mit dem Stamme blieb und mit ihm verwachsen stets dasselbe ein- und aushauchte, doch ein ganz ander Ding ist als der Zweig, der erst getrennt, dann wieder eingepfropft worden. Denn was auch die Gärtner sagen mögen: Er wächst wohl an, doch nicht zu jener vollen Lebenseinheit.

9

Wer dich auch hindern möchte in der Befolgung rein vernünftiger Grundsätze–, wie es ihm nicht gelingen soll, dich deiner gesunden Lebensweise wirklich abwendig zu machen–, so soll er noch viel weniger deinem Herzen die freundliche Gesinnung entreißen. Verrät es doch dieselbe Schwäche, wenn man solchen Leuten gram wird, wie wenn man seinem Vorsatz untreu wird, sich niederschlagen läßt und vom Platze weicht. Den Fahnenflüchtigen gleichen beide, der sowohl, der aus Furcht zurücktritt, wie der, der mit seinem natürlichen Freund und Bruder verfeindet ist.

10

Kein Naturprodukt steht einem Erzeugnisse der Kunst nach, denn die Künste sind Nachahmer der Natur. Darum dürfte denn wohl dem vollkommensten und umfassendsten Naturwesen die künstlerische Geschicklichkeit nicht fehlen. Und wie die Künste das Geringere nur leisten um des Besseren willen – darin der Natur selber ähnlich–: so auch der Mensch, wofern Gerechtigkeit entstehen soll, aus der dann weiter alle übrigen Tugenden sich entwickeln. Denn wollten wir uns nur mit sittlich gleichgültigen Dingen zu schaffen machen, wollten wir leichtgläubig, voreilig, wetterwendisch sein, so stände es schlecht um die Gerechtigkeit.

11

Nicht kommen die Dinge, die du mit Leidenschaft suchst oder fliehst, zu dir, nicht sie drängen sich dir auf, sondern du drängst dich ihnen auf. Kannst du das Nachdenken über sie nur lassen, so bleiben sie auch ruhig wo sie sind, und man wird dich alsdann nicht ihnen nachlaufen oder auf der Flucht vor ihnen sehen.

12

Die Seele gleicht einer vollkommenen Kugel, insofern sie sich weder nach etwas hindehnt noch nach innen einläuft, weder zerstreut wird noch zusammenschmilzt. Sie wird von einem Licht erleuchtet, bei dem sie die allgemeine Wahrheit und die eigene erkennen kann.

13

Wenn ich bereit bin, einem Irrenden das Rechte zu zeigen, so soll ich das nicht etwa tun aus Begierde, ihn bloßzustellen, auch nicht, um mit meiner Langmut zu prahlen, sondern in Liebe und Aufrichtigkeit, wie die Geschichte von Phokion erzählt, wofern dieser Mann nicht etwa wieder mit seiner Aufrichtigkeit geprahlt hat. Es muß ein innerliches Tun sein, die Götter müssen einen Menschen sehen, der nichts mit Ärger aufnimmt, niemals sich beklagt. Denn was gäbe es auch wohl Schlimmes für dich, wenn du das stets freiwillig tust, was deiner Natur entspricht, das Gemeinwohl auf jede mögliche Weise zu fördern, was der Allnatur gerade dienlich ist.

14

Die einander verachten, sind gerade die, die einander zu gefallen streben; und die sich untereinander hervortun wollen, gerade die, die sich voreinander bücken.

15

Wie zweideutig und schmutzig ist jeder, der zu einem andern sagt: Sprich, meine ich's nicht wirklich gut zu dir? So etwas zu sagen! Es muß von selber klar werden. Auf deiner Stirn muß es geschrieben stehen: so ist's; aus den Augen muß es hervorleuchten, wie des Liebenden Blick die Liebe gleich verrät. Geheuchelte Aufrichtigkeit ist wie ein Dolch. Nichts häßlicher als Wolfsfreundschaft. Meide sie allermeist! Der Gutgesinnte, Aufrichtige und Wohlwollende zeigt sich unverkennbar schon in seinen Augen.

16

Wahrhaft gut zu leben – das ist eine Kraft und Fertigkeit der Seele; und sie verfügt darüber, wenn sie gegen das, was gleichgültig ist, sich wirklich auch gleichgültig verhält. Diese Gleichgültigkeit aber beruht wieder darauf, daß man die Dinge sich genau und von allen Seiten ansieht. Denn wir sind es selbst, die ihnen eine uns ängstigende

Bedeutung unterlegen und sie uns so ausmalen, während es doch in unserer Macht steht, sie nicht so auszumalen, oder wenn sich ein solches Bild einmal unvermerkt in unsere Seele geschlichen hat, es sofort wieder auszulöschen. Auch braucht es solcher Vorsicht ja nur kurze Zeit! das Leben geht zu Ende! – Was hat demnach dies richtige Verhalten für große Schwierigkeiten? Denn ist es naturgemäß, so freue dich und nimm es leicht, ist's naturwidrig, untersuche, was deiner Natur gemäß ist, strebe danach, auch wenn es dir keinen Ruhm einbringt. Jedem ist gestattet, sein eigenes Wohl zu suchen.

17

Untersuche, woher jedes Ding seinen Ursprung nimmt und aus welchen Stoffen es besteht und in welche Form es sich verwandelt, wozu es durch die Umwandlung wird und daß ihm damit kein Übel widerfährt.

18

Das Wichtigste ist immer zu wissen, in welchem Verhältnisse ich zu anderen stehe, nämlich, daß wir alle, einer um des anderen willen da sind (wobei sich das Verhältnis näher auch so gestalten kann, daß einer der Vorgesetzte der andern ist, wie der Widder der Schafherde, der Stier der Rinderherde). Dann, daß man die Menschen beobachtet, wie sie's daheim, bei Tische oder sonstwo zu treiben pflegen und welche Grundsätze als treibende Kraft in ihnen liegen. Und zumeist, welche Gewalt haben ihre Grundsätze über sie und mit wieviel Eigendünkel verrichten sie ihre Handlungen? Drittens, daß man bedenkt, daß alle, die unvernünftig handeln, unfreiwillig und unwissend so handeln – und Schmerz genug für sie liegt schon darin, daß sie eben Ungerechte, Undankbare, Geizige oder mit einem Worte Übeltäter heißen. Ferner, daß auch du so manchen Fehler hast und von derselben Art bist wie sie; daß, wenn du dich von gewissen Vergnügungen ferngehalten hast – vielleicht war's Feigheit oder Ehrgeiz oder etwas Ähnliches, was dich fernhielt – du doch auch den Charakter hast, aus dem jene Vergehungen entspringen. Ferner, daß es gar nicht immer so feststeht, ob sie gefehlt haben, wenn es dir auch so scheint. Denn vieles geschieht aus einer weisen Berechnung der Umstände, die uns verborgen sein können. Man muß überhaupt erst so manches gelernt haben, ehe man über die Handlungsweise eines anderen richtig urteilen kann. Dann denke man doch immer wieder an die Kürze des menschlichen Lebens, zumal wenn man so recht aufgelegt ist, unwillig zu werden und aufzubrausen. Und weiter, daß es ja eben nicht jene Handlungen sind, die uns Beschwerde machen, sondern unsere Vorstellungen, die wir uns über sie machen. Schicke sie heim, und dein Zorn wird sich legen. Aber wie? Durch die Erwägung, daß, was dir durch jene widerfährt, in Wahrheit nichts Schlechtes sei. Wäre es schlecht, dann wärst du ja notwendig selber dadurch schlecht geworden. – Und weiter, daß Zorn und

Unwille über solche Dinge uns doch viel mehr beschweren als die Dinge, über die du dich erzürnst. Und endlich, daß ein liebevolles Gemüt, wenn seine Liebe wirklich echt und ungeheuchelt ist, durch nichts überwunden werden kann. Auch dein allerärgster Feind kann dir nichts anhaben, wenn du auf deiner Liebe zu ihm beharrst, wenn du bei Gelegenheit ihn ermahnst und, gerade wenn er im Begriff ist, dir weh zu tun, ihm freundlich zusprichst: nicht doch, Lieber; wir sind zu etwas anderem geboren; mir schadest du ja nicht, du schadest dir selber, Kind! wenn du ihm so in sanfter Weise und alles wohlerwogen zeigst, daß sich dies so verhalte und daß nicht einmal die Tiere so verfahren, die in Herden beisammen leben. Freilich muß dies ohne alle Ironie geschehen, nicht mit dem versteckten Wunsche, ihn zu demütigen, sondern aus reiner Liebe und ohne das Gefühl erlittener Kränkung, auch nicht im Schulmeisterton oder im Beisein eines andern, sondern mit ihm allein, selbst wenn andere gegenwärtig wären. – Diese neun Punkte also erwäge fleißig, laß sie Eingang bei dir finden, als wären es ebensoviele Gaben der Musen, und fange einmal an, ein Mensch zu sein, solange du noch lebst. Sanftmut und Milde – das ist das echte Menschliche und Männliche; hierin liegt Kraft und Tapferkeit und Stärke, nicht im Zorn und im beleidigten Wesen. Denn je näher etwas an die völlige Leidenschaftslosigkeit grenzt, desto näher kommt es wirklicher Macht. Und wie die Traurigkeit ein Zeichen der Schwäche ist, so ist es auch der Zorn. In beiden sind wir verwundete, geschlagene Leute. Aber freilich, vor Kriecherei muß man sich ebensosehr hüten wie vor dem Zorn, da sie ebenso gegen die Grundbedingungen der Gemeinschaft ist und ebenso verderblich wirkt. – Willst du, so nimm vom Musageten noch ein Zehntes: Wahnsinnig ist's zu fordern, daß schlechte Menschen nicht fehlen sollen, unbillig aber und willkürlich, zu verstatten, daß sie sich gegen andere vergehen, nicht aber, daß sie dich verwunden.

19

Viererlei Verirrungen des Geistes gibt es, vor denen man sich stets in acht zu nehmen hat und denen man, sobald sie ausgespürt sind, ausbiegen muß, indem man sich bewußt wird: Dies ist ein Gedanke, zu dem dich nichts zwingt; dies ist etwas, wodurch die menschliche Gesellschaft aufgelöst wird; dies redest du nicht von dir selbst (und es gibt nichts Törichteres, als nicht aus sich selbst heraus zu sprechen). Endlich, eine Schmach ist es, die du dir selber zufügst, sooft das göttlichere Teil an dir erniedrigt und herabgewürdigt ist von dem geringeren und sterblichen und dessen groben Lüsten.

20

Alles Luftige und Feurige, was deinem Wesen beigemischt ist, obwohl es von Natur nach oben strebt, gehorcht doch der Anordnung des Alls und bleibt hier ruhig in der gesamten Masse. Ebenso alles Erdige und Feuchte, das nach unten strebt, wird doch fortwährend gehoben und behauptet den seiner Natur nicht zukommenden Ort. So gehorchen die Stoffe der Natur, wenn sie gewaltsam irgendwohin gestellt sind, und verweilen hier, bis das Zeichen zu ihrer Auflösung gegeben ist. Ist es nun nicht schlimm, wenn die Vernunft allein nicht gehorsam sein will und die ihr zugewiesene Stelle mit Unwillen betrachtet? Und das, wiewohl ihr nirgend Zwang auferlegt wird, sondern nur das, was ihrer Natur entspricht? Denn jede ihrer Bewegungen nach dem Unrecht oder nach dem Sinnenreiz, nach dem Zorn, nach dem Schmerz und nach der Furcht ist nichts anderes als ein solches Fortstreben von dem ihr zugewiesenen Orte, als ein Abfall von der Natur. Und sooft deine Vernunft über irgendein Ereignis mißmutig wird, verläßt sie ihren Posten. Du bist zur Gleichmütigkeit und Gottesfurcht nicht weniger als zur Gerechtigkeit geschaffen. Der Begriff des Gemeingeists enthält noch jene Tugenden, ja sie sind sogar älter als das Recht.

21

Wer nicht im Leben einen und denselben Zweck verfolgt, der ist auch eigentlich nicht ein und derselbe Mensch. Doch kommt es vor allem darauf an, von welcher Art dieser Zweck ist. Es hängt dies genau mit dem Begriff der Güter zusammen, der schwankend und unbestimmt bleibt, solange es sich darum handelt, was jedem einzelnen gut ist, und der zur Klarheit und Bestimmtheit nur gebracht werden kann, wenn man das Ganze, die

Gemeinschaft aller ins Auge faßt. Und so muß auch der Zweck des Lebens eines jeden sich nach dem Ganzen richten, mit dem Zweck der Gemeinschaft, der man angehört, harmonisch wirken. Wer nun alle seine besonderen Neigungen diesem Zweck unterordnet und ihm gemäß gestaltet, der wird dadurch auch Konsequenz in seine Handlungsweise bringen und so immer derselbe Mensch sein.

22

Das menschliche Leben gibt mir oft nichts weiter als das Bild einer Haus- oder Feldmaus, die erschrocken hin und her läuft.

23

Sokrates nannte die Meinungen der Menge Lamien, Schreckgestalten für Kinder.

24

Die Lakedämonier stellten bei ihren Schauspielen die Sitze für Fremde in den Schatten. Sie selbst setzten sich an den ersten besten Platz.

25

Als Sokrates sich bei Perdikkas entschuldigte, warum er seine Einladung nicht angenommen habe, sagte er: damit ich nicht vor Schimpf und Schande zu vergehen brauche als einer, der Wohltat empfängt, ohne sie mit Wohltat vergelten zu können.

26

In Epikurs Schriften war die Lebensregel aufgezeichnet, daß man aus der Reihe der alten Tugendfreunde beständig einen im Andenken behalten solle.

27

Die Pythagoreer sagen, man müsse früh zum Himmel aufblicken, damit wir derer gedenken, die immer eines und dasselbe und die ihr Werk stets auf dieselbe Weise treiben, damit wir ihrer Ordnung, ihrer Reinheit, ihres unverhüllten Wesens gedenken. Denn die Gestirne haben keine Hülle.

28

Was für ein Mann war Sokrates, der ein Fell umgürtete, als Xanthippe in seinem Obergewand ausgegangen war! Und was sagte er zu seinen Freunden, als sie ihn in diesem Aufzug erblickten und entsetzt zurücktraten? Nicht das Kleid macht den Mann!

29

Weder im Schreiben noch im Lesen kannst du Vorschriften erteilen, ehe du mit deren Befolgung vorausgegangen bist. Im Leben noch viel weniger.

30

»Der Sklavenseele ziemt es mitzusprechen nicht.«

31

»Laß sie die Tugend schmähen, mit was für Worten sie wollen« –
»– Und es lachte das Herz mir im Busen.«

32

Lästern werden die Schwätzer mit harten Worten die Tugend.

33

Wer im Winter eine Feige sucht, ist wahnwitzig. Ebenso, wer sich nach einem Kind sehnt, wenn ihm ein solches nicht mehr vergönnt ist.

34

Nach Epiktet soll jeder, der sein Kind küßt, bei sich denken: Morgen vielleicht ist es tot. Das klingt wie eine Lästerung. Aber, sagt er, kann das eine Lästerung genannt werden, womit ich etwas rein Natürliches bezeichne? wenn ich z.B. sage: die Ähren werden abgemäht?

35

Jetzt unreife Traube, dann reif, dann getrocknet – lauter Wandlungen, doch nicht etwa in ein Nichts, sondern in ein Etwas, das jetzt noch nicht ist.

36

Einen Räuber des Willens gibt es nicht, sagt Epiktet.

37

Du mußt, sagt derselbe, mit dem Beifall kunstgerecht umgehen lernen und bei deinen Zielen die Vorsicht beobachten, daß sie an Bedingungen geknüpft sind, sich aufs Gemeinwohl richten und durch den Wert der Dinge bestimmen lassen. Aber der Begierden mußt du dich enthalten und meiden, was nicht in deiner Gewalt steht.

38

Der Streit betrifft also (sagt Epiktet) nicht eine Alltagsangelegenheit, sondern vielmehr die Frage, ob man wahnsinnig sei oder nicht. Denn nach stoischer Anschauung sind alle Lasterhaften wahnsinnig.

39

Sokrates sagte: Was wollt ihr? wollt ihr Seelen vernünftiger oder unvernünftiger Wesen? Vernünftiger. Welcher Vernünftiger? Gesunder oder verderbter? Gesunder. Nun, warum sucht ihr sie nicht auf? Suchen? weil wir sie haben! Also warum zankt und streitet ihr euch?

ZWÖLFTES BUCH

I

Alles, was du jetzt auf Umwegen zu erreichen wünschest, könntest du schon besitzen, wenn du nicht mißgünstig gegen dich selber wärest. Es wäre dein, sobald du imstande wärst, was hinter dir liegt, auf sich beruhen zu lassen, was vor dir, der Vorsehung anheimzustellen, und nur das Gegenwärtige der Frömmigkeit und Gerechtigkeit gemäß zu gestalten; der Frömmigkeit, indem du dich deines Schicksals freust, der Gerechtigkeit, indem du freimütig und ohne Umschweife die Wahrheit redest und tust, was das Gesetz und was der Wert jeder Sache erfordern, unbeirrt von anderer Schlechtigkeit, von irgendwelchen übelangebrachten Vorstellungen, von dem Gerede anderer und von den Empfindungen deiner fleischlichen Hülle. Denn wenn du so deinem Lebensende entgegengehst, alles andere mit Gleichgültigkeit betrachtest, nur das Göttliche in dir, die herrschende Vernunft verehrend, und nicht sowohl das Aufhören des Daseins als vielmehr das Nichtbeginnen eines naturgemäßen Lebens fürchtest, dann darfst du auch ein Mensch heißen, der würdig ist der Welt, die ihn hervorgebracht, und wirst aufhören, ein Fremdling zu sein in deinem Vaterlande.

2

Nackt und von dem Gefäß, der Schale, dem Schmutz des Körpers entblößt sieht Gott die Seele. Denn die eigentliche Berührung zwischen ihm und seinen Werken findet nur vermittelst seines Geistes statt. Mach es ihm nach, und du befreist dich von so mancher Last und Sorge. Denn wer erst absehen gelernt hat von seinem Leibe, der ihm das Nächste ist, der achtet dann gewiß auch nicht mehr auf Kleidung, Häuslichkeit, Ansehen bei den Leuten und all dergleichen Äußerlichkeiten.

3

Du bestehst aus drei Teilen: Leib, Seele und Geist. Leib und Seele sind dein, nur soweit es deine Pflicht ist, für sie zu sorgen. Der Geist aber ist ganz eigentlich dein. Doch nur, wenn du ihn frei zu machen weißt von allen Einflüssen der Außenwelt, des eigenen Leibes und der dem Leibe eingepflanzten Seele, so daß er ein Leben aus sich und für sich selber führt, vollbringt, was die Gerechtigkeit gebietet, will, was das Schicksal auferlegt, und wahr ist in seinen Reden, nur dann kannst du die noch übrige Zeit ruhig und heiter leben und wirst treu bleiben deinem Genius.

4

Ich wundere mich oft darüber, wie derselbe Mensch, der sich mehr liebt als alle anderen, dennoch mehr Gewicht auf das Urteil anderer über ihn als auf das eigene legen kann. Bedenkt man freilich, daß kein noch so bedeutender Lehrer, ja daß kein Gott es auch nur einen Tag lang von uns erreichen würde, gleich zu sagen, was wir denken, so wie wir den Gedanken nur gefaßt, so ist's auch wiederum natürlich, daß wir eine weit größere Scheu vor dem haben, was andere von uns denken, als vor unserer eigenen Meinung.

5

Wie mag es nur kommen, daß die Götter, die doch alles so schön und menschenfreundlich eingerichtet haben, das eine übersehen konnten, daß selbst die wenigen trefflichen Menschen, die mit dem Göttlichen aufs innigste verkehrten und sich ihm durch fromme Werke und heiligen Dienst zu besonderen Freunden gemacht haben, wenn sie einmal tot sind, nicht wiederkommen, sondern ganz und gar verschwunden sind? Allein, wenn sich die Sache wirklich so verhält, so wisse, daß, wenn es anders hätte sein sollen, sie's auch anders gemacht hätten. Wäre es gut gewesen, hätte es auch gewiß geschehen können; wäre es natürlich, so würde es die Natur auch einrichten. Daraus also, daß es nicht so ist, wofern es nämlich nicht so ist, erkennst du, daß es nicht so sein darf. Und – würdest du denn überhaupt auf diese Weise mit den Göttern rechten, wenn nicht die stillschweigende Voraussetzung wäre, daß sie die besten und gerechtesten sind? Und daraus folgt ja schon von selbst, daß sie in ihren Anordnungen nicht ungerecht und gegen die Vernunft verfahren konnten.

6

Auch daran kann man sich gewöhnen, was einem anfangs verzweifelt erscheint. Die linke Hand, die zu so vielen Dingen unbrauchbar ist aus Mangel an Gewöhnung, ist doch z.B. zur Führung des Zügels weit geschickter als die rechte. Weil sie's gewohnt ist.

7

Denke an die Beschaffenheit des Leibes und der Seele, worin du dich vom Tod ergreifen lassen mußt, sowie an die Kürze des Lebens, an den unermeßlichen Zeitraum hinter dir und vor dir, an die Gebrechlichkeit jeden Stoffes.

8

Betrachte die wirkenden Kräfte der Dinge, von ihrer Hülle entkleidet, ebenso den Zweck jeden Geschehens! Frage, was Unlust, was Lust, was Tod, was Ruhm sei, an wem die Schuld der eigenen Ruhelosigkeit liege, wie niemand von einem anderen gehindert werde und daß alles auf die Vorstellung ankomme.

9

Bei der Anwendung unserer Grundsätze aufs Leben gilt es mehr dem Ringer als dem Fechter ähnlich zu sein. Der nämlich ist verloren, sobald ihm das Schwert abhanden kommt. Jenem aber steht die Faust immer zu Gebot; er braucht sie eben nur zu ballen.

10

Sieh zu, wie die Dinge in der Welt beschaffen sind, und unterscheide an ihnen Stoff, wirkende Kraft, Zweck.

11

Welche Gewalt hat doch der Mensch, der nichts tut, als was Gott loben kann, und der alles hinnimmt, was Gott ihm sendet!

12

Über das, was eine Folge des natürlichen Verlaufs ist, soll man weder Göttern noch Menschen Vorwürfe machen. Jene verfehlen sich weder willkürlich noch unwillkürlich, diese nur unwillkürlich. Also gibt's keinen Anlaß, ihnen etwas vorzuwerfen.

13

Was für ein lächerlicher Fremdling auf Erden ist der, der über irgendein Ereignis in seinem Leben erstaunt.

14

Ist alles eine unabänderliche Notwendigkeit, wie kannst du widerstreben? Gibt's aber eine Vorsehung, die sich versöhnen läßt, so mache dich des göttlichen Beistands würdig! Ist aber auch dieses nicht das Richtige, ist vielmehr alles nur die planloseste Verwirrung, dann sei froh, daß du selbst mitten in diesem Wirrwarr an deinem Geiste ein leitendes Triebrad besitzest. Wohin dich nun auch jene Strömung treiben mag – mag sie den Leib, die Seele, alles mit hinwegführen, den Geist wird sie nicht mit sich fortführen!

15

Das Licht der Lampe scheint, bis man es auslöscht; nicht eher gibt es seinen Strahl ab. Soll denn die Wahrheit, die Gerechtigkeit und Besonnenheit in dir eher verlöschen?

16

Wenn jemand dir die Meinung beigebracht, er habe sich vergangen, weißt du auch gewiß, ob es ein Vergehen ist? und wenn er sich wirklich vergangen hat, ist er selber auch der Meinung? Oder gliche er dann nicht einem Menschen, der sich selbst das Auge auskratzt? Wer überhaupt verlangt, daß der Lasterhafte nicht fehlen soll, kommt mir vor wie einer, der nicht will, daß der Feigenbaum den Feigen Saft gibt, daß die Kinder schreien, daß Pferde wiehern und dergleichen natürliche Dinge mehr. Denn was soll er tun, hat er die Anlage dazu? Hast du den Mut, heile ihn!

17

Was sich nicht ziemt, das tue auch nicht, und was nicht wahr ist, sage nicht. Dein Hauptbestreben sei jederzeit, das Ganze im Auge zu haben.

18

Sieh immer auf das Ganze und mache dir klar, was in dir gerade die Vorstellung erzeugt, indem du daran die Urkraft, den Stoff, den Zweck, die Zeit, in der etwas wieder aufhören muß, unterscheide.

19

Merkst du endlich, daß etwas Besseres und Göttlicheres in dir ist als das, was die Leidenschaften hervorruft und was dich bald hierhin, bald dorthin zieht, gleich einer Puppe? Was waltet jetzt in meinem Denken? Ist's Furcht, Argwohn oder Begierde oder etwas anderes?

20

Fürs erste: Handle nicht ohne Ursache, nicht ohne Zweck! Zum anderen: Suche nichts anderes als den allgemeinen Nutzen zu erreichen!

21

Binde dich an keinen Ort, an nichts von dem, was du jetzt siehst, an keinen derer, die jetzt leben. Denn das alles ist wandelbar und wird vergehen, um anderen Platz zu machen.

22

Alles ist Vorstellung, und diese hängt von dir ab. Räume, wenn du willst, die Vorstellung aus dem Weg, und du wirst wie ein Seefahrer, der das Vorgebirge umschifft hat, auf ruhiger See in die windstille, wogenfreie Bucht einfahren.

23

Jegliche Tätigkeit, die zur bestimmten Zeit ihr Ende erreicht, leidet dadurch, daß sie es wirklich erreicht hat, keinen Schaden. Ebensowenig erleidet der, welcher sich hierbei tätig erwiesen hat, durch diese Beendigung einen Nachteil. Gleichfalls nun leidet der Inbegriff aller dieser Tätigkeitsäußerungen, das heißt das Leben, durch ebendieses Ende keinen Nachteil, und so ist auch der, welcher zu seiner Zeit die Reihe geschlossen hat, hierdurch in keine schlimme Lage versetzt worden. Jene Zeit aber und diese Lebensgrenze weist die Natur ab, und zwar zuweilen, wenn sie erst im Greisenalter eintritt, zugleich die eigene Natur des Menschen, jedesmal aber jene Allnatur; denn durch Umwandlung ihrer Teile wird das ganze Weltgebäude stets verjüngt und wieder in volle Blüte versetzt. Alles aber, was dem Ganzen zuträglich, ist jederzeit auch schön und zeitgemäß. So ist auch das Aufhören des Lebens für niemand nachteilig, zumal da es auch, weil von unserer Willkür unabhängig und dem Gemeinwohl nicht zuwider, niemand Schande macht; vielmehr ist dasselbe ein Gut, insofern es für das Ganze zeitgemäß, nützlich und zuträglich ist. So ist auch der ein von Gott Geführter, der sich von Gott auf dessen Wegen und mit seiner Gesinnung zu gleichen Zielen führen läßt.

24

Folgende drei Grundsätze mußt du stets vor Augen haben: Erstens nämlich in Ansehung dessen, was du tust, nie ohne Grund noch anders zu verfahren, als die Gerechtigkeit selbst verfahren haben würde; in Ansehung dessen aber, was dir von außen zustößt, mag es nun von einem glücklichen Zufall oder von der Vorsehung herrühren, dich weder über den Zufall zu beschweren noch die Vorsehung anzuklagen. Zweitens, bei jedem Wesen darauf zu achten, wie es von seiner Empfängnis an bis zu seiner Beseelung und von seiner Beseelung an bis zu seiner Entseelung beschaffen sei, desgleichen aus welcherlei Bestandteilen es zusammengesetzt und in was für welche es wieder aufgelöst werde. Drittens, daß, wenn du, plötzlich über die Erde emporgerückt, auf die Menschenwelt herabschauen, den großen, vielgestaltigen Wechsel in derselben wahrnehmen und zugleich den ganzen Umkreis luftiger und ätherischer

Wesen mit einem Blicke überschauen könntest, daß du dennoch, sage ich, sooft du emporgerückt würdest, immer wieder dasselbe, nämlich alles gleichförmig und kurzdauernd finden müßtest. Und hierauf dürftest du stolz sein?

25

Mache dich nur von deinem Wahne los, und du bist gerettet! Wer hindert dich denn, ihn abzutun?

26

Trägst du an irgend etwas schwer, so hast du vergessen, daß alles sich der Allnatur gemäß ereignet und daß fremde Vergehungen dich nicht anfechten sollen, ferner vergessen, daß alles, was geschieht, immer so geschehen ist, immer so geschehen wird und überall jetzt so geschieht, vergessen, welch innige Verwandtschaft zwischen dem einzelnen Menschen und dem ganzen Menschengeschlecht besteht; denn hier ist nicht eine Gemeinschaft von Blut oder Samen, sondern der Vernunft. Du hast aber auch das vergessen, daß der denkende Geist eines jeden ein Gott und ein Ausfluß der Gottheit ist, vergessen, daß niemand etwas ihm ausschließlich Eigenes besitzt, sondern sein Kind sowohl als sein Leib und selbst seine Seele aus jener Quelle ihm zugekommen ist, vergessen endlich, daß jeder nur den gegenwärtigen Augenblick lebt und folglich auch nur diesen verliert.

27

Rufe dir immerfort diejenigen wieder ins Andenken zurück, die sich über irgend etwas gar zu sehr betrübt oder die durch Unglücksfälle, Feindschaften, durch die größten Ehrenstellen oder durch andere Glücksumstände großes Aufsehen erregt haben. Dann lege deinem Nachdenken die Frage vor: »Wo ist jetzt das alles?« Rauch ist's und Asche, eine Märe oder auch nicht einmal eine Märe. Daneben laß dir auch so vieles andere der Art einfallen, zum Beispiel was Fabius Catullinus auf seinem Landgut, Lusius Lupus in seinen Gärten, Stertinius in Bajä, Tiberius auf Capri, Rufus in Velia getrieben haben und alle jene, die auf Meinungen beruhendes Interesse für irgend etwas hatten. Bedenke, wie geringfügig jeder Gegenstand ihrer Bestrebungen gewesen sei und wieviel philosophischer es wäre, sich bei jeder dargebotenen Gelegenheit als gerecht, besonnen, den Göttern folgsam, ohne Gleißnerei zu zeigen. Denn der Hochmut, der sich mit Demut brüstet, ist der allerunerträglichste.

28

Die dich etwa fragen möchten, wo du denn eigentlich die Götter gesehen und woraus du entnommen habest, daß sie sind, so daß du sie verehren magst, denen gib zur Antwort: Einmal, sie sind wirklich mit Augen zu sehen. Dann, auch meine Seele habe ich ja noch nie gesehen, und halte sie doch in Ehren. Daraus, daß ich ihre Macht immer gespürt, habe ich entnommen, daß die Götter sind, und darum verehre ich sie.

29

Bei jedem Gegenstand zu sehen, was er im ganzen, was er nach seinem Stoff, was nach seiner Kraft sei, von ganzer Seele das Rechte tun und das Wahre reden, darauf beruht das Heil des Lebens. Eine gute Tat der andern so anreihen, daß auch nicht der kleinste Zwischenraum bleibt, was heißt das anders als das Leben genießen?

30

Es gibt nur ein Sonnenlicht, obwohl gebrochen durch Mauern, Berge, tausend anderes. Ein gemeinsamer Stoff, obwohl hindurchgehend durch tausend eigentümliche Bildungen. Ein Leben, obwohl verteilt auf unzählige Wesen, deren jedes seine Besonderheit hat. Eine Vernunft, obwohl auch sie zerteilt erscheint. Alles übrige, die Welt der Dinge, der empfindungslosen, ist ohne Zusammenhang in sich, obgleich auch hier der Geist waltet und alles in seine Wagschale fällt, nur das Menschenherz hat seinen ihm eigentümlichen Zug nach dem, was ihm verwandt ist, und läßt sich diesen Gemeinschaftstrieb nicht nehmen.

31

Was wünschest du? Bloß fortzudauern? Nein, vielmehr zu empfinden, dich zu bewegen, zu wachsen, wiederum stille zu stehen, deine Stimme zu gebrauchen, nachzudenken. Was von allem diesem scheint dir noch wünschenswert? Ist aber eines wie das andere geringfügig, so wende dich dem zu, was zuletzt allein noch übrigbleibt: dem Gehorsam gegen die Vernunft und gegen die Gottheit. Der Verehrung von diesen widerspricht es jedoch, wenn man sich vom Gedanken gedrückt fühlt, durch den Tod der erstgenannten Dinge beraubt zu werden.

32

Welch kleines Teilchen der unendlichen und unermeßlichen Zeit ist jedem von uns zugemessen! So schnell wird es ja von der Ewigkeit verschlungen. Welch kleines Teilchen von der ganzen Wesenheit! Welch kleines Teilchen von der ganzen Weltseele! Wie klein ist das Erdklümpchen, auf dem du umherschleichst! Dies alles bedenke und halte dann nichts für groß als das: zu tun, wie deine Natur dich leitet, und zu leiden, was die Allnatur mit sich bringt.

33

Welchen Gebrauch macht die herrschende Vernunft von sich selbst? Hierauf kommt ja alles an. Das übrige aber, mag es von deiner Willkür abhängen oder nicht, ist nur Totenstaub und Dunst.

34

Der zur Verachtung des Todes dienlichste Gedanke ist der, daß selbst diejenigen, welche Sinnenlust für ein Gut und Unlust für ein Übel erklärten, ihn doch verachtet haben.

35

Wer nun das, was zur rechten Zeit geschieht, für ein Gut hält, wem es gleichgültig ist, ob er eine größere oder kleinere Zahl vernunftgemäßer Handlungen aufzuweisen habe, wer zwischen einer länger oder kürzer dauernden Betrachtung der Welt keinen Unterschied macht, für den ist auch der Tod nichts Furchtbares.

36

So hast du denn dein Bürgerrecht gehabt, o Mensch, in diesem großen Reiche. Wie lange es gedauert, darauf kommt's nicht an. Was den Gesetzen gemäß ist, ist auch jedem billig. Was also wäre Schlimmes daran, wenn du entlassen wirst? entlassen ja nicht von einem Despoten oder ungerechten Richter, sondern von der Natur, derselben, die dich eingeführt. So darf ja wohl der Schauspielleiter, der einen Schauspieler angestellt, ihm wieder kündigen. Aber, sagst du, von fünf Akten sind ja erst drei abgespielt! Sehr gut. Doch sind im Leben auch drei Akte das ganze Stück. Der ehemals die Stoffe zusammenfügte und der jetzt sie wieder löst, der hat das Ende zu bestimmen. Du bist unschuldig an beidem. So gehe denn versöhnt! Der dich abspannt, ist's auch.